甘肃岷县大崇教寺文书整理与研究

彭晓静　著

文物出版社

图书在版编目（CIP）数据

甘肃岷县大崇教寺文书整理与研究 / 彭晓静著. --
北京：文物出版社, 2023.10
ISBN 978-7-5010-8148-6

Ⅰ. ①甘… Ⅱ. ①彭… Ⅲ. ①佛教－寺庙－契约－文
书－研究－岷县 Ⅳ. ①B947.242.4

中国国家版本馆CIP数据核字(2023)第147381号

甘肃岷县大崇教寺文书整理与研究

著　　者：彭晓静

责任编辑：张晓曦
责任印制：王　芳

出版发行：文物出版社
社　　址：北京市东城区东直门内北小街2号楼
邮　　编：100007
网　　址：http://www.wenwu.com
经　　销：新华书店
印　　刷：北京荣宝艺品印刷有限公司
开　　本：710mm×1000mm　1/16
印　　张：15.5
版　　次：2023年10月第1版
印　　次：2023年10月第1次印刷
书　　号：ISBN 978-7-5010-8148-6
定　　价：160.00元

序

　　自古以来，在土地、房屋、牲畜等的买卖上，人们为了避免因时间长久而引发矛盾，会将各方责任和条件明确约定并写在纸上留证，这便形成了契约。传统中国社会生活中的许多行为都是通过契约这种形式进行规范的。中国古代尤其是明清以来，数以千万计的契约文书被使用，种类繁多，分散于全国各地。对数量如此庞大的契约文书进行系统性的整理和体系性的研究，是目前亟待解决的问题。这不仅仅是因为契约文书的内容丰富多样，折射了中国历史的变迁，更由于我们要从中总结出传统中国民间社会的务实精神、契约精神和法治精神。尽管关于这些精神的具体内涵还有着诸多争议，但在这些争议背后是我们应该以何种时空语境来对这些精神的内涵进行判断，值得进一步探索。

　　20 世纪初以来，随着敦煌文书、徽州文书、清水江文书等文献资料的陆续发现，契约文书为学界所广泛关注。敦煌契约文书（汉文文书）可追溯至 1921 年斯坦因公布 S.2199《咸通六年（865）十月廿三日尼灵惠唯书》。此后，关于敦煌契约文书的研究成果日益增多。20 世纪 50 年代中期，徽州文书被发现后，多以影印等方式被刊布。清水江文书自 20 世纪 50 年代开始陆续发现，1988 年首次出版公布。2000 年以后，《清水江文书》等汇编型资料陆续出版。21 世纪以后，福建、浙江、台湾、江西、广东（以珠江三角洲为主）、山西等地的契约文书陆续刊布。华北、中南、西南地区以及内蒙古等少数民族地区的契约文书在整理出版方面也取得一系列新的突破。

　　以上契约文书的研究，成果丰硕。但从整体上看，对于契约文书的研究，学者们集中关注于其中体现的物价变化、赋税轻重、租佃制度、阶级分化、生产关系、所有权制度的历史演进等。除却契约文书本身记录的经济内容之外，契约文书的出现也有着更深层次的缘由。日本学者岸本美绪曾说，"在旧中国社会里，支持私人之间契约关系的观念或秩序究竟是什么"，"从外部支撑着契约关系的社会秩序或契约文书发挥作用的社会空间本身构成了更为重大的课题。"也就是说，若从时间与空间的层面以及文化系统整体构架的视角，去分析契约文书与社会文化的互动关系，探讨社会的土地关系、契约关系及其社会文化生活，就能更大程度地揭示出契约文书真正的内涵所在。

甘肃岷县大崇教寺相关的契约文书，目前搜集整理的约有 300 件，均以汉文书写，年代最早的为明代天启四年（1624 年），最迟者为 1955 年，其中明清时期 43 件，余下多为民国时期及中华人民共和国成立后的文书。契约文书内容主要是以大崇教寺（包括其属寺）寺僧及其后人的经济生活和社会活动为主，内容包括土地执照、名册、置产簿、收租簿、字据、合同等多种形式。若从类别上区分，又可分为买卖契、租佃契、借贷契、施舍赠予交换契、诉讼文书、寺院制度和账簿名册等。其中民间所立契约（白契）较多，有少量（红契）是由地方政府颁发。契约文书不仅记录了大崇教寺及其属寺相关的固有、钦赐、布施、纳献、赠予，以及"祖遗""自置""香火地"等土地的交易和流转史实，还对寺院的制度、社会区域状况以及寺院与周边地区民众的社会生活互动等都有所体现。契约文书中提到的地名（地点），均集中于大崇教寺及其属寺的周边，即现在的甘肃岷县梅川镇区域。契约文书书写于黄棉纸之上，其年代明确，内容基本完整。本书选取其中有代表性的 106 件契约文书作为主要研究对象，对契约文书中所记录的岷州佛寺的兴衰、家族性寺院的管理模式、"中人"的角色、伦理道德的约束、土地房产的流转、地价的变化、区域经济特点等问题进行分析，以加深人们对于明清以来岷州地区社会文化生活历史演化的认识。

众所周知，明清时期经济文化发展和传播速度开始加快，人们的思想得到了发展。随着明清中央政府对于西北地区相关政策的执行，人口流动增多，经济也在缓慢地发展。在此背景之下，岷州地区涉及土地、房舍、家庭等类型的契约数量大幅增加，契约文书也因此而呈现多元化与地方化的特点。

契约文书作为一种法律文书，是社会现实生活中占有关系的法的表现，是一定产权关系与产权形式的反映。不同地区、不同时代的契约文书各有特点，也正是由于这些差异的存在，使得契约文书的研究更加丰富。岷州地区地理位置特殊，又因大崇教寺在此独特的地位，于是记录寺院主体与其他社会群体之间经济往来的契约文书是岷县区域社会史的载体，也是民众参与社会经济文化

活动与社会交往的重要凭证，作为地区经济史、社会史、家族史、制度史的重
要组成要素，为现有的研究提供了新的参考与借鉴。加之，明清时期岷州汉藏
民众以藏传佛教为纽带，创造了独具魅力的区域藏传佛教文化，丰富了藏传佛
教的内容。对岷县大崇教寺相关契约文书的整理与研究也是对岷州藏传佛教的
历史考察，有助于我们更加全面地认识藏传佛教的发展传播。

习近平总书记指出，中华文明延续着我们国家和民族的精神血脉，既需要
薪火相传、代代守护，也需要与时俱进、推陈出新。要加强对中华优秀传统文
化的挖掘和阐发，使中华民族最基本的文化基因与当代文化相适应、与现代社
会相协调，把跨越时空、超越国界、富有永恒魅力、具有当代价值的文化精神
弘扬起来。散落在民间的岷县大崇教寺契约文书跨度 300 多年，也生动诠释了汉
藏民族以佛教为纽带的交往、交流、交融史。通过对契约文书的整理研究，深
入挖掘其中蕴含的历史价值和时代意义，从而促进地方文化的保护与传承，加
强民族团结和坚定文化自信，不断促进中华优秀传统文化的创造性转化和创新
性发展。

本书仅是对岷县大崇教寺契约文书之探索性的整理与研究，笔者对这一
领域的研究也是边学边做，错误疏漏难免，望专家学者不吝批评指正。

彭晓静

2023 年 2 月 8 日记于甘肃兰州

目录

绪论

　　岷县位于甘肃省定西市西南，地处陇中黄土高原、甘南草原边区和陇南山区交界，与甘南藏族自治州的迭部、卓尼、临潭三县相连接。全县面积为3500多平方公里，人口约42万，有汉、回、藏、东乡、撒拉、裕固、满族等民族。北朝西魏文帝大统十年（544年）始置岷州。1913年改为岷县。岷县历史悠久，史前文化灿烂，是马家窑文化和齐家文化的发祥地之一。秦汉以降，岷州更是西北重镇，历代文化古迹遍布县内各地。

一、岷州历史地理沿革

　　岷州，是历史上地理位置至关重要的一个州卫。据清康熙二十六年《岷州卫志》记载："岷，《禹贡》雍州之域，天文井鬼分野，古西羌地。秦属临洮；魏、隋、唐曰岷州；宋曰西和；明置岷州卫；国朝（清朝）因之"[1]，因而是一个"西亘青海之塞，南临白马之氐，东连熙巩，北并洮叠，内则屏翰蜀门，外则控制番境，百二疆场实有赖焉"[2]的所在。《读史方舆纪要》对这一地区的重要性记载的更为详细："卫东连秦陇，西达河湟，北阻临巩，南控阶文，虽僻在一隅，而道路四通，一纵一横，未易当也，岂惟形援河洮，为西偏之翼蔽而已哉。"[3]由上述记载可见，历史上岷州地理位置重要的原因，不仅在于它是中原王朝的屏障，更在于它的枢纽地位，对周边的州府有着较好的牵制作用。简而言之，在战争时期，岷州是汉蕃军事孔道上的兵家必争之地，谁控制了岷州，就等于拥有了深入对方领域的跳板；在和平时期，它又是汉藏文化交流要道上的交接点之一。处于这一地理位置上，姑且不论这一地区从古至今的政治和军事价值，仅从宗教文化研

---

[1] 甘肃省岷县志编纂委员会办公室编：《岷州志校注》，1988年，第2页。
[2] 甘肃省岷县志编纂委员会办公室编：《岷州志校注》，1988年，第5页。
[3] [清]顾祖禹撰，贺次君、施和金点校：《读史方舆纪要》（一），中华书局，2005年。

究上来看，受地理位置所影响的文化特质确实是独一无二的。

1. 最早建置及临洮县的设置（上古—北朝西魏）。

《尚书·禹贡》按照自然分区的方法把全国分为九州。在《禹贡》里，岷县属雍州地。先秦时期，岷县为秦国辖地。史载：秦穆公三十七年（前623年），"秦用由余谋伐戎王，益国十二，开地千里，遂霸西戎"（《史记·秦本纪》）。自此，今岷县地域便进入秦国版图，秦孝公任用商鞅实行变法，在孝公十二年（前350年），"集小乡邑聚为县，置令、丞，凡三十一县"（《史记·商君列传》）。史籍虽未具体指明三十一县之称谓，但可以断定今岷县地属应在其中；秦昭王二十七年（前280年），秦国始置我国最早的郡级政区陇西郡，今岷县地域即为陇西郡属。战国时期，岷县地属秦国，是秦国的临洮县（因临洮水而得名）。在史籍中，作为县级行政单位的临洮，最早见于秦王嬴政八年（前239年）。是年，嬴政平定其弟长安君成蟜的反叛后，"迁其民于临洮"（《史记·秦始皇本纪》）。秦始皇二十六年（前221年），秦统一六国，在全国范围内推行郡县制。把全国划分为三十六郡，其后又增至四十郡，临洮（今岷县，下同）地属陇西郡，是秦王朝直接管辖的最西边的县治。《史记》对秦统一后的疆土有"西至临洮、羌中"的记载，有关史志多用"西临洮而北沙漠"（《晋书·地理志》）等的界址来陈述秦王朝的疆域。两汉时期，仍以郡县二级制为主，临洮属陇西郡。陇西郡所属共十一县，郡治在狄道（今临洮县），临洮县是陇西郡南部都尉治所。三国至魏晋南北朝时期，以州、郡、县三级制为主。三国时期，岷县地属魏国。当初，曹魏政权在陇右地带置秦州，刺史领护羌校尉。其后，秦州建置被废，以其地属雍州。至晋武帝司马炎泰始五年（269年），合七郡复置秦州。太康三年（282年），废秦州，将所属郡县并入雍州。太康七年（286年），又恢复秦州建置；晋惠帝在位（290～306年）时，曾分陇西郡狄道、临洮、河关三县，置洮阳等六县，合九县设置临洮郡，属秦州。在三国至西晋期间，岷县属雍州（或秦州）的陇西郡（或狄道郡），县名仍称临洮。陇西郡辖襄武、首阳、临洮、狄道四县，郡治在襄武（今陇西县）。十六国时期，岷县地域先后属前赵、前凉、前秦、西秦、后秦统辖。北朝时期，先属北魏。北魏分裂为东、西魏后，地属西魏。北周代魏后，又归北周所属。北魏武帝太平真君六年（445年）置临洮郡，属河州，领龙城、石门、赤水三县。西魏文帝时，置岷州及同和郡，遂改原临洮县为溢乐，为岷州治所。

2. 岷州的建置及地属变化（北朝西魏—民国二年）。

岷县自战国时秦国正式设县置至北朝西魏以前，地属关系几经变化，但县名始终为临洮。西魏文帝大统十年（544 年）置岷州，领同和郡（后改为临洮郡），遂改临洮县为溢乐，为州治所在。岷州，以岷山得名，其地名称谓，始于西魏。北朝沿用西魏旧制。隋朝建立后，于隋文帝开皇三年（583 年）罢临洮郡建置，以其地属岷州。隋炀帝大业三年（607 年）复置临洮郡，领十一县，郡治在美相（今临潭境内）。溢乐又改用临洮旧名。隋恭帝义宁二年（618 年），复置岷州，再次改临洮为溢乐。自此以后，作为地名的临洮便和岷县地域脱离了关系。自唐朝开元至五代时期，实行道、州、县三级制，唐太宗贞观元年（627 年），将全国划分为十道，唐玄宗开元二十一年（733 年）又将十道分为十五道，道（镇）、州（包括府）县三级制逐渐确立，岷县地属陇右道之岷州，县名为溢乐。岷州领溢乐、祐川、和政三县，州治在溢乐。其间，还有过几次变动：天宝元年（742 年）改为岷州和政郡，唐肃宗乾元元年（758 年）复为岷州。上元元年（760 年），岷州为吐蕃占据，至宋神宗熙宁六年（1073 年）熙河路经略安抚使王韶，大败吐蕃，收复岷州，属熙河路（后改秦凤路）。两宋（包括金）时代，实行路、州、县三级制。熙宁六年，复置岷州和政郡，属陕西秦凤路，辖境相当今甘肃西和、礼县、宕昌、岷县和甘南藏族自治州东南部地区，领祐川、大潭、长道三县，州治在祐川。境内有临江、荔川、床川、闾井、宕昌五寨，有遮羊穀藏、铁城三堡，有滔山一监。南宋时，岷县地域属利州路西和州和政郡，绍兴元年（1131 年）为金朝所占，改岷州为祐川，宋高宗绍兴十二年（1142 年）宋金议和，改名西和州（因淮西有和州，故名西和州），州治在长道县白石镇（今西和县），仍领祐川等三县，宋宁宗开禧二年（1206 年）再度为金朝所占。元朝实行行省制，将行中书省（简称行省）常设为地方最高一级行政区划，省下设有路、府、州、县四级。最初，岷州为巩昌等处总帅府管辖，元世祖至元八年（1271 年），由巩昌总帅府划归脱司麻路，与河州路同属吐蕃宣慰司，均为宣政院辖地。明朝建立后，于明太祖洪武九年（1376 年）废除行省制，在一个省内分设布政使司、按察使司、都指挥使司，合称三司，分掌民政、司法监察和军务三政。原来的省改称布政使司，但在习惯上乃至行文中仍称其为省。明朝政府还在边疆及一些军事要地设立卫所,自成军政体制,归都指挥使司(简称都司)或布政使司(简称布政司)统辖。洪武四年(1371 年)设置岷州千户所,属河州卫。十一年(1378 年)改建岷州卫,领西固城守御军民千户所(西固所),属陕西都司。清朝建立后,凡隶属于府的州不再领县,在省以下只有府(府、直隶州、直辖所),县(县、散州、散所)二级,形成省、府、县三级制。雍正八年(1730 年)改为岷州,归属巩昌府。自此,岷州建置及辖属关系便稳定了 180 多年,民国二年(1913 年)改置岷县,县属基层区划沿用清朝末期旧制,按东南西北四路,分管自然村镇。巩昌府下除抚民厅外,还设有洮岷道、岷州卫、守备司、察院、儒学、染造局、番僧纲司、汉僧纲司、养济院、番厂(藏汉人民买卖交易的场所)、演武教场等机构。

二、大崇教寺及岷县藏传佛教的发展历程

佛教传入岷州的时间,最早可以追溯到唐朝。景龙元年(707 年)灵鹫寺建成,即岷州大崇教寺的前身。同一时期,还兴建了兴隆寺、还珠寺、庄严寺等。唐代宗宝应二年(763 年)吐蕃占领岷州,直到北宋神宗熙宁六年(1073 年)王韶收复岷州的这 300 年间,大量吐蕃人源源不断地迁入安多地区。到了宋代,岷州地区可谓已是蕃族云集。唐敬宗宝历年间(825 ~ 826 年)进士宋庆余写了一首名为《出临洮》的诗作,其诗文内容为:"玉关西路出临洮,风卷边尘入马毛。寺寺院中无竹树,家家壁上有弓刀。惟怜战士垂金甲,未象游人着白袍。深巷独吟秋色里,平原一望戍楼高。"诗中所言"寺寺院中无竹树",可见当时当地的寺院已不止一两座了。其中大崇教寺的属寺就有 108 座。大崇教寺与其诸多的属寺,共同形成了一个完整的寺院体系。作为岷州历史上最大、贡献最突出的大崇教寺,在此时已成为明代岷州藏传佛教发展的标志,声名远播岷州之外。

大崇教寺位于甘肃省岷县梅川镇萨子山麓,原名隆主德庆林寺,俗称东寺,是岷州高僧班丹扎释(dpal-ldan-bkra-shis)于永乐十三年(1415 年)始建,当时规模较小,名声不大。直到明宣德年间才得以大规模扩建,并迅速发展壮大。据《安多政教史》记载,"宣德三年,为了维修佛殿特赐敕书,命两位大臣负责

修佛殿的工程，又降圣旨派地方大小官员一百多名，部落大小土官二百名，各种技术人员一百一十名，军人乌拉两千零五人，重修故刹扩建为宫殿式大佛殿，钟、鼓楼房两旁有抱厦虎堂六列，有天王殿、碑亭等，都饰以琉璃瓦和飞檐，还有廊房六十间"[1]。寺内供奉有众多的佛、菩萨、本尊、护法神像，还有《甘珠尔》《丹珠尔》大藏经、哈立麻大宝法王像、佛塔、立体坛城、唐卡等。寺中的供品多为皇家所赐的精美用品，如金制曼扎、金灯、银灯、水晶和玛瑙宝瓶、铜香炉、幡、伞、华盖等。佛殿外围"有僧寮二百间，围以大垣墙，院内铺以石块和砖"[2]。大崇教寺的建筑风格也完全采用了明朝内地的工艺形式，而殿内供奉的又是具有藏传佛教特色的佛像，充分体现了汉藏文化的交融合璧。

清代编《岷州志》中这样记载："大崇教寺，在城东北四十里，宣德元年敕建，钦赐珠伞、棕桥、金印等物，犹存。"[3] 大崇教寺不仅内部富丽堂皇，供有许多的佛像和珍宝，整体布局也颇为壮观宏伟，形如一座小城，有前八院和后八院。在大崇教寺扩建完成后，明宣宗特赐寺名"大崇教寺"，并立碑记其事，《岷州志》录有全文，名《宣宗修大崇教寺碑文》（碑文内容见附录）。从以上历史文献相关记载中我们可以知道，大崇教寺当时的规模确实是安多地区非同一般的藏传佛教寺院。之所以有如此规模的主要原因在于大崇教寺的兴建完全是由明政府资助完成，因而气势恢宏。正是由于有了皇家的支持，大崇教寺的社会地位才不断得到提升，成为明代岷州地区的藏传佛教文化的中心。明政府之所以对岷州大崇教寺鼎力支持和扩建，也是对佛法能够护国佑民功能的认可。大崇教寺地处西北边陲，是朝廷和卫藏连接的纽带之一。岷州地区藏族部落众多，寺院的建造又能起到教化一方的作用。另一特殊的原因是，大崇教寺的建造者班丹扎释在明廷中的影响力。明宣宗对大崇教寺扩建的支持，也是对班丹扎释的尊敬和推崇。班丹扎释历经永乐、洪熙、宣德、正统、景泰五朝，深得皇帝们的信任，封号的级别也不断提升，由大国师晋升为西天佛子、大智法王。他曾求学于当时藏传佛教界各派最为著名的一些佛学大师，拥有渊博的显密佛学知识，精通汉藏文且修证严谨，堪称是一位有学问的高僧大德。据《安多政

---

[1] 智观巴·贡却乎丹巴绕吉著，吴均等译：《安多政教史》，甘肃民族出版社，1989年，第643页。

[2] 智观巴·贡却乎丹巴绕吉著，吴均等译：《安多政教史》，甘肃民族出版社，1989年，第644页。

[3] [清]汪元絅、田而穟纂修：《岷州志》卷三，张羽心主编：《中国西藏及甘青川滇藏区方志总编》第26册，学苑出版社，2003年，第33页。

教史》中的记载，大崇教寺的扩建在宣德三年（1428 年），而此年正好班丹扎释给明宣宗传授过密法，可见，他与皇帝的关系非同一般，由此明宣宗支持扩建大崇教寺也在情理之中。

清朝初期，岷州地区的藏传佛教开始由盛转衰。同时，岷州地区寺院僧人的数量也在急剧减少。此外，从嘉庆之初开始，岷州地界战火持续不断，导致很多寺院在战火中被烧毁，损失巨大。虽然寺院此后又历经重修，但与之前规模已无法相提并论。

今天岷县的藏传佛教更是极端衰落了，痕迹寥寥。至于有上千年历史的大崇教寺，更是今非昔比，主体结构也只剩下一座破败的经堂。在距离这座经堂约 200 米远的地方，分别矗立着两通著名的"御制大崇教寺碑"。大崇教寺碑，属省级保护文物，为明代宣德四年（1429 年）所建，碑文为沈粲所书。碑有左右两通，右为汉文碑，左为藏文碑，碑文字迹清晰，大小造型、内容一致。除此之外，大崇教寺现存留物品如下：1. 寺院过殿五楹，为抬梁式硬山顶，绘画为密宗风格，系明代建筑。殿堂为清代重建，长 23.15 米，进深 8.1 米，高 8.5 米。2. 明清、民国、中华人民共和国成立初期纸质执照以及寺田收租等文书 300 余件。3. 狮纽象牙印一枚，印文为九叠篆："灌顶净觉佑善大国师"，现收藏于岷县博物馆。4. 明代刻本《西天佛子源流录》一部，有甲乙两个版本；《后氏族谱》一本，清代抄本，保留在岷县后氏族人手中。5. 山咀庄白塔一座。该塔是岷县及周边市县境内仅存的一座明代古塔，几经破坏，又重修。6. 寺院围墙约600 米，明代所建；大殿基址，柱石、琉璃砖瓦残件和大量石块、石条和古树等。7. 岷县茶埠镇圆觉寺和前川寺。这两座寺院都始建于明代，是大崇教寺附属寺院其中的两座。两座寺院保存相对完好，其中圆觉寺内还有精美的彩绘壁画。

据《岷州志》中孙永思《宿东寺》诗云："塔寺巍巍天畔开，双旌摇曳画巾来。夜深萝月悬空界，岁古亭碑伴草莱。鹫岭绿烟琪树合，花宫清梵洞龙回。相逢俱有探奇兴，日午催传两玉杯。"相传后法王圆寂时，僧众探询其转世再生时，法王云："塔倒回来。"按塔寺巍巍的诗意和塔倒回来的传说，肯定大崇教寺应是有塔的建筑，但现遗址及周边竟无迹可寻。据《西天佛子源流录》所载："明正统己未年佛子舍资，俾中官阮至觉义钻竹旺束子城西路次，砖造大菩提塔一座，高九丈有奇，俾路途来往之人，瞻者、礼者，消诸罪障，得福无量。"

按此，再寻究岷县城西路次，未见建造塔的遗迹。而梅川乡塔儿川的白塔，位于梅川城东，似与《西天佛子源流录》中所述相契合。此塔地宫未露出地面，塔基为10米见方的塔座，塔座上面是十三级的塔身，塔刹已毁，塔形为藏式瓶，庄严古朴，造型优美。但在1976年的农田基建中，此塔被两次爆破，塔身有残毁，但地宫完好。从爆破的情况看，此塔为实心塔，并有泥塑小佛像，应为法王舍利塔，供信徒观瞻朝拜之用，与《源流录》中"瞻者，礼者"叙述相吻合。灵塔位于大崇教寺东3公里处，是引导朝拜僧众走向寺院的明显标志。

三、大崇教寺文书的发现及其相关研究

甘肃岷县大崇教寺文书，部分是2008年从岷县地区民间征集所得，现保存于岷县博物馆内，有的仍保管在当地民众手中，目前对其研究尚属初步阶段。

甘肃岷县所发现与大崇教寺相关的300余件契约文书，均为汉文书写，文书年代从明天启年间到1955年。其中明清时期契约文书共43件，其余为民国时期及中华人民共和国成立后的契约文书。自岷县大崇教寺契约文书发现以来，彭晓静硕士论文《岷县大崇教寺新发现契约文书研究》[1]首先对其中部分文书进行了公布和解读。后张润平继续公布了《大崇教寺所存明清时期文书》[2]其中32件文书的内容，撰成《对岷州后氏家族的历史认识——后氏家族谱系钩沉》、与罗炤合著《〈西天佛子源流录〉与班丹扎释的贡献》[3]两文，后张润平、苏航、罗炤著成《西天佛子源流录——文献与初步研究》[4]一书，对大崇教寺现存的《后氏家谱》《西天佛子源流录》等文献进行了初步的校注、考释和研究。特别是《西天佛子源流录》的发现，深受学界的关注，对班丹扎释的历史地位、家族世系、岷州藏传佛教的发展史等进行了研究，成果丰硕。杜常顺《明代岷州后氏家族与大崇教寺》[5]《明清时期河湟洮岷地区家族性藏传佛教寺院》[6]也对大崇教寺历史和后氏家族与大崇教寺的关系进行了研究。李志明、洲塔《新

[1] 彭晓静：《岷县大崇教寺新发现契约文书研究》，西北民族大学硕士学位论文，2011年。
[2] 张润平：《大崇教寺所存明清时期文书》，《中国藏学》2012年第S1期。
[3] 张润平、罗炤：《〈西天佛子源流录〉与班丹扎释的贡献》，《民族研究》2011年第2期。
[4] 张润平、苏航、罗炤：《西天佛子源流录——文献与初步研究》，中国社会科学出版社，2012年。
[5] 杜常顺：《明代岷州后氏家族与大崇教寺》，《青海民族研究》2011年第1期。
[6] 杜常顺：《明清时期河湟洮岷地区家族性藏传佛教寺院》，《青海社会科学》2001年第1期。

发现的两件班丹扎释法旨及相关史实考述》[1]一文对岷县发现的两件明宣德六年（1431年）和正统十四年（1449年）的由北京大隆善寺发往岷州大崇教寺的藏文法旨进行了译释，并初步考述了大崇教寺的创建时间和法脉传承。谢继忠、蒋兴国、罗将《近三十年来甘肃民间契约文书研究述评——甘肃民间契约文书研究之一》[2]中利用已有的研究成果，对大崇教寺契约文书进行了简要的介绍。综观现有的研究成果，涉及大崇教寺研究内容单一，缺乏系统的整理和深入的研究。所以，本书将以大崇教寺契约文书中涉及政治、经济、历史、文化、风土人情、宗教信仰、职官制度、民族政策等各个方面为主要研究对象，厘清明清以来大崇教寺历史文化演变及其与岷州地区的社会经济的互动。

岷县大崇教寺契约文书内容丰富，主要以大崇教寺僧人、僧人后人与周围民众的社会经济活动为主，契约文书的内容包括土地执照、土地买卖合同、名册、账簿、置产簿、收租簿、字据、合同、寺院文书、分家文书等。契约文书的类别可分为买卖契、租佃契、借贷契、施舍赠予交换契、诉讼文书、账簿名册等等。文书中详细记录了大崇教寺土地的来源，包括固有、钦赐、布施、纳献及赠予，但更多的是"祖遗""自置"或是"香火地"。这些土地被频繁的出租、转让或是典卖。在租、典土地的契约中，对于土地的位置、名称、四至、数量、租金、罚金等，租典期限及罚约都有明确的约定。交易主要以货币为主，实物为辅，也有实物和货币混合使用的情况。契约中的经济活动还包括民间借贷、出租房屋、水磨、宅基地等。

大崇教寺契约文书直接反映了大崇教寺与岷州（岷县）地区的社会历史与经济文化的互动，契约文书的发现与研究可以有效弥补大崇教寺寺主和僧人的历史活动情况的缺失，再辅以方志、碑刻等材料，大崇教寺与岷州地区的社会历史状况将变得更加生动具体。契约文书真实记录了民间社会微观的经济社会活动，具有很强的历史现场感，带领我们回到具体的历史现场，感知历史事件及其时空背景。

综上，对大崇教寺的记载，除《安多政教史》《岷州志》等外，其他资料

---

[1]　李志明、洲塔：《新发现的两件班丹扎释法旨及相关史实考述》，《中国藏学》2006年第3期。

[2]　谢继忠、蒋兴国、罗将：《近三十年来甘肃民间契约文书研究述评——甘肃民间契约文书研究之一》，《农业考古》2017年第1期。

稀少，很多只是片言只语、零星杂记。目前已有研究成果也多集中在对甘青地区的藏族历史和治理政策上，缺乏具体化的藏传佛教寺院和相关文献研究。这种由寺院占有大量土地的情况从古代延续到近代，但是寺院不可能亲自经营耕作这些土地，寺院土地流转的具体形式如何，没有明确的记载。契约文书记录的大崇教寺土地所有制的形式和内容，鲜活而具体，为我们呈现了寺院如何通过一定的法律形式确定与寺院属民之间的土地权利关系，是研究大崇教寺土地所有制的鲜活个案，为研究地区经济提供了珍贵的历史文献资料，也是研究寺院土地流转、大崇教寺历史情况和岷州地区经济状况的最直接的原始资料。

岷州大崇教寺与藏传佛教

岷州藏传佛教的发展，经历繁荣衰落的跌宕起伏，最终归于沉寂。由明而清，由于政治、经济、文化等多种因素的作用，作为岷州藏传佛教标志的大崇教寺的发展也成为岷州藏传佛教发展的风向标。大崇教寺的兴衰在某种程度上也反映了藏传佛教在岷州的发展过程。在藏传佛教的冲击影响下，岷州文化呈现出佛、道及民间信仰相互融合的态势。

第一节　大崇教寺的建立与发展

永乐十二年（1414年），班丹扎释在岷地萨子山开山建寺。"寺之将成，太宗文皇帝遣使驰驿，诏之太京，擢僧录司右阐教，及赐国师冠帽、袈裟、表里；钞贯，仍命随驾京师，大兴国寺住坐"[1]。班丹扎释赴京之后，由其长徒沙迦室哩主持完成了建寺工作，并担任首任住持。寺内供奉了明朝皇帝所赐的佛像、佛经等诸多宝物。寺院建筑形式仿效明朝内地工艺，符合杂居地区之实际，表明它既是藏传佛教寺院，也是沟通汉藏文化的一个中心。

经十一年，大崇教寺"于宣德三年进行扩建，建立辩经制度，皇上赐额为大崇教寺，亦名丹巴托委代，立有颂扬的石碑"[2]。文见《岷州志》所收《宣宗修大崇教寺碑文》。从碑文中我们不仅可以感受到当时大崇教寺的宏伟气势，且碑文在内容和内涵里对佛教护佑国家的赞颂之辞溢于言表。这也说明，明代帝王支持藏传佛教的目的不仅是为了安抚边疆，而且充分体现了帝王对于佛教信仰的崇奉。

《安多政教史》中关于大崇教寺营造和发展情况仅限于此。而在《西天佛子源流录·宣德尊崇教法荣显品第六》里则详细记载了大崇教寺的扩建过程，文曰：

> 宣德丁未（二年）七月，上遣内臣赍敕重广其寺，改赐寺额曰"大崇教寺"，及赐碑记，着称佛子之功。及敕洮州卫镇守都指挥李达，并岷州、洮州等卫大小官员军民诸色人等，以洮州卫日斡等簇五总甲千户、赞束巴百户、永隆扎等七员，及所管百姓，充大崇教寺及重兴寺灯油户，第年初纳马、其余一应杂泛差役，尽行优免，令其专心办纳灯油等项供养，不许一时违误。宣德己酉（四年）八月初九日，又奉上赐岷州卫所镇抚一员曹聚，领军匠五十名与大崇教寺作佃户。户下人丁，亦令看守、洒扫寺宇。佛子亦俾大国师沙迦室哩、完卜大国师绰竺藏卜待

[1] [明]沙迦室哩编集，班卓而藏卜校，安宁译：《金刚乘起信庄严宝鬘西天佛子源流录》"永乐弘恩嗣佛旨印品第五"。

[2] 智观巴·贡却乎丹巴饶吉著，吴均等译：《安多政教史》，甘肃民族出版社，1989年，第645页。

中外官督工修理，总率僧徒之事。经始于宣德丁未秋，落成于己酉岁八月十五日[1]。

据此可知，大崇教寺的扩建时间是在宣德二年（1427 年）至宣德四年（1429 年）之间，且得到了岷州当地政治上更有势力的班丹扎释及其后氏家族的直接支持。大崇教寺的管理权最后也归于其家族，渊源或在于此。

建成之后的大崇教寺，气势非凡，不同一般："是梵刹也，弘广深邃，殿宇僧舍，五百余楹，佛殿高广，重檐斗拱，雕梦绣闼，妆以金碧，华彩鲜丽。然而寺山高耸，迥出云霄，层峦叠翠，卉木森然，群峰靓秀，拱向相揖，奇松茂柏，环植寺傍，泉流湛碧，泛漾左右，殿阁巍巍，金碧交辉，光耀粲然，俨若西方鹫岭、祇园之精舍也。"再看寺院修成之后的具体建筑格局：

　　是山门两重，四大天王殿一，碑亭二，钟鼓楼二，正殿一，后殿一，左右殿二，东西两庋藏殿二，法堂一，正方丈一，东方丈一，西方丈一，东方丈前后佛堂二，西方丈前后佛殿二，秘密殿左右佛堂二。次山门内二金刚像。天王殿内供三世佛、十六罗汉，殿顶彩画金刚法界语自在坛场，周围壁画秘密坛场。后殿内供释迦弥陀药师三佛及十方佛、八大菩萨。后左殿内供内供二臂、六臂护法。后右殿内供金刚怖畏中围佛像，及葛辣噜巴挏门支母与其伴绕。东藏殿内供钦赐华、梵字大藏经二藏。西藏殿内供金书大藏经二，大藏（经）乃中贵大臣太监王公瑾所施也。秘密殿内供钦赐佛八尊及大轮金刚手佛像、上乐轮佛密像、金刚怖畏佛密像、镀金大持金刚、弥勒菩萨、文殊菩萨，乃中贵大臣太监尚义舍资造也；金书番字大藏经一藏，计一百八帙，语录藏经一藏，计二百二十一帙，皆出佛子衣资所造；药师佛坛场一座，葛里麻巴上师一尊；药师灯一树；玉花瓶盛纯金所造枝茎叶五，实供花一树；大银灯盏一个，重三百五十良；镀金铜起花大曼咤辣三座，供器乃中贵大臣太监王公瑾所施。东佛堂内供上乐轮六十二佛宫殿坛场、金刚怖畏十三佛中围宫殿坛场。西佛堂内供大轮手十八佛中围宫殿坛场、无量寿佛九佛中围宫殿坛场。东西四坛场佛身皆檀香象牙乌

---

[1]　[明]沙迦室哩编集，班卓而藏卜校，安宁译：《金刚乘起信庄严宝鬘西天佛子源流录》"宣德尊崇教法荣显品第六"。

木所造，宫殿坛场则是木刻彩妆，其坛场宫殿主伴佛会，是皆佛子依经续新所制。东方丈后殿内供无量寿佛、弥勒文殊二大菩萨，银灯盏等供器全，亦中贵大臣太监吴公诚舍资所造。西方丈用殿内供五方佛，各佛殿内所有供器、法器、锦绣、金织、幢幡、香鼎、花瓶，无不备足[1]。

寺院建成之后，寺院内的各种法事活动也频频举行，"自是开讲参禅亦无虚日"，《源流录》载：

> 每年一百八僧诵念大藏尊经以藏。凡于正月为始，灌顶净觉佑善大国师沙迦室哩，率领僧徒完卜班领占等二十五众，修建不动密聚坛场好事；俾灌顶大国师绰竺藏卜率领僧徒二十五众，修建大轮金刚手坛场好事；完卜锁南领占率领僧徒二十五众，修建金刚界坛场好事；高僧领占罗竺率领僧徒二十五众，修建修习护法施食好事。至是月十五日圆满，凡遇圣诞节，修建坛场好事亦如正旦，其余常月如前三日，大完卜锁南领占、喇嘛迭列巴、高僧绰巴藏卜率领等图七十余众，修建救度佛母四曼咤辣好事、尊胜佛母千种供养好事、大施食、千分焰口佛母回遮大施食三堂，如是修建好事其时，远近檀信上庶，观者无数，所谓梵音高彻于青宵，钟鼓铿锵于数里[2]。

法事之盛，可见一斑。直到清代，大崇教寺的佛诞大会仍以隆重而闻名遐迩，其影响也不仅局限于岷州地区，还辐射到了周边的洮州、河州等地。

在明廷的扶持下，大崇教寺的社会地位也在不断地提升，不仅成为政教合一的一个典型，又是发展藏族文化的一个大中心点[3]。往来明朝的一些诗人、官员，游历大崇教寺时，还著有诗作。

如明嘉靖时宋贤所作的《宿崇教寺》：

> 岷山高拱法王宫，篆蔼轻浮紫翠重；
>
> 云外楼台悬夕阳，空中金磬度秋风。
>
> 蒲田纳袄余衣钵，贝叶番文杂鸟虫；

---

[1] 岷县县委宣传部编：《人文岷州》，甘肃人民出版社，2008年，第80页。

[2] 杜常顺：《明代岷州后氏家族与大崇教寺》，《青海民族研究》2011年第1期。

[3] 谈士杰：《岷州佛寺及其有关问题的探讨》，《西北民族学院学报》1994年第3期。

抚景忧时浑不寐，几回倚枕听晨钟。

董绍孔《东寺》：

水绿千松殿，花红七宝楼。

山光笼化域，树翠滴芳洲。

静理乾坤大，慈恩雨露稠。

我今参贝厥，不复恋浮讴。

宋、董二人所说的云外楼台和七宝楼，是否为同一建筑，不得而知。但可肯定是二位诗人所要表现的是法王宫与云外楼台的精美与壮观。

另外，在岷县民间还流传着清朝文人贺炳奎所作的岷州《大崇教寺八景》诗作。据诗作所记，岷州大崇教寺的八景分别为：金鸡攀翠、玉女引泉、虹桥夜月、马厂晓钟、豹山牧曲、洼路樵歌、长松挂月、天门静锁。可谓美不胜收，令人流连忘返。

大崇教寺和其众多的属寺形成了一个完整的寺院体系。据清代《岷州志》载，岷州共有寺院35处，其中大崇教寺是中心寺院，也是管理当地喇嘛教事务的衙署——番纲司所在。《安多政教史》载："（大崇教寺建成后）皇上供施双方按彼师的意见，又修建附属寺院圆觉寺，兴修了经堂和扎仓。"[1]包括圆觉寺在内的其他30多个寺院都是在这个时期所建造的大崇教寺的下寺，但规模一般不大。这样，就在岷州地区形成了以大崇教寺为中心的一个区域性藏传佛教寺院集团。但由于圆觉寺是由岷州后氏家族直接控制的一个寺院，其在明末清初大崇教寺寺院集团中实际上扮演着中心寺院的角色[2]。圆觉寺在建成之后，就成为统管岷州卫藏传佛教僧侣违法乱纪的僧纲司衙门所在地了。在岷州《后氏家谱》中就保存有圆觉寺祖先的画像。

需要特别说明的是，这些下寺和汉族地区的子孙寺庙不完全一样。它们分属于不同的藏族部落，具有很大的独立性。岷州地区的藏族以家族为聚落分布于各地区并建有家族性的寺庙。这些藏族部落在行政上虽互不隶属，但均统属于岷州卫管理，在宗教系统上又都附属于大崇教寺。

---

[1] 智观巴·贡却乎丹巴饶吉著，吴均等译：《安多政教史》，甘肃民族出版社，1989年，第644页。

[2] 杜常顺：《明代岷州后氏家族与大崇教寺》，《青海民族研究》2011年第1期。

随着清初岷州地区藏传佛教的衰退，大崇教寺也经历了沧桑变迁。同治年间的战乱使整个寺院的建筑全部被焚毁。同治十一年（1872 年），当地民众在原有废墟上进行重建，于光绪三年（1877 年）重建经堂三间，过亭五间。民国十七年（1928 年）又兴建了子孙殿、牛王殿、马王殿等。时至 1949 年初，尚留存有藏汉石碑 2 通，经堂 3 间、过亭 5 间、子孙殿 5 间、寺门 1 间、僧舍 41 间，喇嘛 25 人、还俗的 12 人。至 1958 年，喇嘛全部还俗。后经堂、子孙殿和寺门全部被拆毁。

第二节　岷州藏传佛教的发展

唐宝应二年（763 年），岷州陷于吐蕃，宋神宗熙宁六年（1073 年），王韶收复，岷州受吐蕃的统治长达 300 年之久。岷州受藏传佛教的影响也于此时开始。从明及清，一直延续至现代。

宋神宗熙宁七年（1074 年）广仁禅院建成，这是一座以弘传藏传佛教为主的寺院。广仁禅院现已无迹可寻，仅存"新修岷州广仁禅院碑"（碑文内容见附录）。除此之外，宋代岷州所修的寺院，有史可考的还有报恩寺、普救寺等。其中报恩寺、钦化禅院也不逊于广仁禅院，规模很大，声名远扬。到了明代，岷州更是成为藏传佛教的繁荣之地。这时岷州境内的藏传佛教寺院达 360 座之多。

除了寺院的兴建之外，岷州地区佛事活动会期长，香客多，活动内容丰富多彩。一般藏传佛教法会的会期大都是 3 天左右，而大崇教寺 4 月举行的佛诞大会的会期为 8 天。期间，既有寺僧并坐经堂诵经，又有高僧于讲堂寺净坐；既有本寺寺僧念经，又有洮岷各寺诸僧助兴诵经，且往往多至千余，形成"梵音震山谷"之雄势。既有番僧戴五佛冠、衣五色舞衣的佛前跳舞，又有山门内跳护法神的各种宗教舞蹈。还有"羌儿番女并坐殿前，吹竹箫、歌番曲，此唱彼和，观者纷然"的壮观场面。此数日中，除了约会者外，还有汉番民众及临郡洮州诸番，朝山进香者摩肩接踵而来，山寺形成闹市，人山人海。宗教文化与民间文化交织，相得益彰。

除此之外，此时的岷州地区法王、国师云集。明成祖时，进一步完善了藏族区域的僧官制度，把僧官分为法王、西天佛子、大国师、国师、禅师、喇嘛等等级。而大崇教寺的僧官，在有明一代，可谓是一个僧官齐全的典型。明英宗时，特召班丹扎释入京，加封"宏通妙戒普慧善应慈济辅国阐教灌顶净觉西天佛子大国师"。景泰三年（1452年），又加封为"大智法王"。班丹扎释原被封为"净觉慈济大国师"，而正统元年（1436年）又封大崇教寺绰竹藏卜为"净觉慈济大国师"。大崇教寺内大国师除绰竹藏卜外，释迦室里被封为"灌顶净觉佑善大国师"，锁南领占亦被封为"大国师"。此外，还有弘慈广善国师以及禅师等等。以上情况说明，藏传佛教在明初岷州地区的传播与发展，已然达到了鼎盛时期。

岷州藏传佛教历史发展的历程，主要有以下三个方面：

一是从整个历史发展进程来看，岷州藏传佛教从传入、发展到衰落都与历朝历代的政治形势息息相关。特别是明代，岷州藏传佛教的发展可谓是突飞猛进。这主要是缘于明政府对岷州地区给予的三项特殊的政策。首先是茶马互市。这一政策直接刺激了藏传佛教的发展。那时的茶马古道上，寺庙往往就是驿站，来往马帮商队常在寺里驻足，由寺院提供食宿、马料，许多商品也就在寺院里交换出手，由喇嘛再与群众买卖[1]。其次是明政府为大量藏传佛教寺院颁赐了寺额，如瞿昙寺、大崇教寺、宣化寺等等。这些建于边地上的寺院，由此地位得到提升，财产得到进一步的保护，并且拥有很多的特权。这不仅推动藏传佛教的发展，更是刺激了更多藏传佛教寺院的出现。最后是因为明代整个社会思潮都处于理学的指导之下，而藏传佛教中的一些僧人为取悦统治者所传授的一些东西显然与理学思潮格格不入。面对朝臣们的激烈反对，统治者常常逐番僧以平愤，英宗、孝宗、武宗继位之后，都曾"汰番僧"或是"斥番僧"[2]。被逐的僧人便滞留在藏汉的边界上，修建寺院。所以，由于岷州本身具有的政治和军事敏感性，加上中原王朝汉地政策的末梢和边地政策的前沿，这两种政策的碰撞，便直接波及岷州藏传佛教的发展。

二是岷州藏传佛教派别在历史上的更迭变化。因岷州地处西北边地的关键

---

[1] 李旭：《滇藏茶马古道的宗教文化》，《云南民族学院学报》1994年第3期。

[2] 朱丽霞：《岷县藏传佛教兴衰之初探》，中共岷县县委宣传部编：《人文岷州》，甘肃人民出版社，2008年，第133页。

之地，也就决定了其发展是随着中原王朝统治政策的调整而变化的。岷州藏传佛教派别的发展与各派和中央统治者的关系相一致。元代，岷州藏传佛教以萨迦派为主导，萨迦派的高僧八思巴、胆巴等都在洮岷地区有过宗教活动。卓尼的禅定寺、临洮的宝积寺都是安多地区著名的萨迦派寺院。而岷州大崇教寺的前身就是萨迦派寺院。到了明代，大崇教寺又随着噶玛噶举"大宝法王"的得势而成为噶举派寺院。明末清初，随着格鲁派势力的增强，岷州藏传佛教寺院也逐渐改宗为格鲁派了。

三是岷州藏传佛教长期与其他宗教交融共存。岷州地区原有民间信仰的代表是湫神崇拜。湫神崇拜的形成是源于甘南地区一位名为婆格达苏的藏家女的传说。湫神的主要职责为驱雹、赐雨、镇水等。除此之外，岷州地区佛道混杂现象明显。据《甘肃道教》记载，唐高祖李渊信道教，岷州人李渤为甘肃名道士。北宋时期城南二郎神祠建立后，道教在这一地区就开始兴盛起来。到了明代，岷州卫指挥使马烨在此地捐资修建了城隍庙、真武庙、关帝庙、三圣庙等道教寺院。现在岷县马坞村所存的明代碑刻中随处可见道教影响的痕迹，如"各山圣境宫观之碑""九天圣母之君石碑""重建大宵庙钦殿碑"等等，仅从碑名就可以明辨为道教所建。藏传佛教在岷州兴盛的同时，也是道教蓬勃发展的时期。这就使岷州宗教发展的特点成了佛道不分。在大量修建佛教寺院的同时，道观也相继崛起，甚至出现了一些道士在寺院主持的情况。由此，岷州因地处这样一个特殊的地理位置，汉藏文化的相互影响、吸收利用，最终形成佛道混杂的独特文化特质。

至清朝初期，岷州藏传佛教就已经呈现出衰退之势。从寺院方面来看，清代只兴修了裕隆寺、节寺、崇隆寺等几座有限的寺院，此时的著名寺院也不多，主要有：大崇教寺、广福寺、法藏寺、圆觉寺、吉祥寺等，其中吉祥寺在清朝嘉庆、道光年间异军突起，成为当时规模最大的一座寺院。据记载，吉祥寺全盛时期，远远就可以看见一片苍松翠柏、绿杨垂柳掩映下的朱砂墙、阴阳瓦、金顶放光的古刹。当时的吉祥寺，占地上逾千亩，寺旁僧舍17院，136间房屋。在明朝时频繁进贡的一些寺院此时依然存在，他们也定期去朝廷进贡，其具体情况是"洮岷番人三百八十余族，今皆不与朝贡之列。惟番僧袭封国师后丹子达节所管招中寺院三十五处，内有二十四处，系康熙元年题准，分为四起轮贡。圆觉、大崇教、讲堂、撒藏、宏教、宏福六寺为第一起。法藏、朝定、藏经、裕隆、三祝、石崖六寺为第二起。鲁班、广善、广德、永安、羊圈、弘济、昭慈七寺为第三起。崇隆、宝定、永宁、赞林、些尔多五寺为第四起。每三年贡一次，十二年一周，周而复始。赴京人贡者，每寺不过二人，危拨伴送夫役不过一二名。其历来所贡方物，惟马与青木香二种"[1]。在僧人数量方面，到了清朝末年，整个岷州总共只有 265 名藏传佛教僧人。另外，清朝这一地区受封的高僧也寥寥无几，只有班丹扎释的后人后只即丹子，在吴三桂兵犯洮岷时，出粮助饷，纠兵协剿，康熙帝因他"当逆贼煽乱之时，矢心守正，纠边徽士兵之众，为国宣劳，克着功勋，洵可嘉赏"[2]。特例封后只即丹子为"宏济广教大国师"，而这个称号曾在明成化年间封给了班丹扎释的孙子绰竹尖措。由此可见，此名号入清以来，并没有顺理成章地为班丹扎释的后人所继承，而是待功而封，并且在"传至尖采宁卜，于康熙五十年停袭国师，以始祖前例袭番僧纲司，历六世，至一世桑介管招中寺院三十五处"[3]，事隔三十几年便已停袭。到 20 世纪 30 年代前后，最大的寺院只有 4 处，其中东寺有罗汉 10 余人；奔直寺距县城 20 余公里，为拉卜楞寺属寺，当时共有僧人 60 余人。

　　到中华人民共和国成立前，岷县大大小小的藏传佛教寺院共有 36 处，它们分别是：梅川东寺（大崇教寺）、秦许庞家寺（吉祥寺）、堡子洪福寺、中寨郎寺（崇隆寺）、西江法藏寺、城关喇嘛寺、城内慈云寺、城内光福寺、城关报恩寺、城南班若寺、城东会福寺、文斗尼儿寺、文斗朝天寺、梅川达占寺、清水赤木寺、清水广德寺、清水裕隆寺、岷山金家寺、闾井新寺、西江王铁咀寺、西江唐古寺、闾井喇嘛寺、闾井藏经寺、寺沟羊圈寺、寺沟扎地寺、秦许广善寺、中寨节寺、西江哈岔寺、西江三竺寺、茶埠圆觉寺、城郊鲁班寺、秦许宝定寺、申都赞卜寺、小寨土司门寺、西江红崖寺。中华人民共和国成立后，大多数寺院僧众还俗，寺院被毁。1982 年，先后开放了城关喇嘛寺、中寨郎寺、堡子洪福寺、西江法藏寺、梅川东寺、秦许庞家寺 6 座藏传佛教寺院。目前，这

[1]　甘肃省岷县志编纂委员会办公室编：《岷州志校注》，1988年，第135页。
[2]　甘肃省岷县志编纂委员会办公室编：《岷州志校注》，1988年，第285页。
[3]　《陇右稀见方志三种·新增岷州志》，上海书店，1984年。

些寺院共有各类信教群众 8295 人，宗教职业人员 22 人，其中活佛 1 人、高僧 2 人、罗汉（泛指正在学经的小和尚）19 人，设寺管会 6 个，成员 35 人；共有房产 47 间、930 平方米，其中大殿 24 间、608 平方米；宿舍 19 间、266 平方米，附属房屋 4 间、56 平方米。

　　从整体上看，今天岷县的藏传佛教已极端衰落，各个寺院里已见不到我们可在拉卜楞寺等寺见到的专职住寺僧人，就连岷县唯一的活佛兹巴力禅活佛平时也着俗装，住在自己家中，而非寺庙中。岷县如今僧职人数较多、影响较大，而且唯一有活佛的寺院——庞家寺（即吉祥寺），其主体结构也只有一间小小的经堂，经堂正面已无塑像，只呈放着兹巴力禅活佛念经时的一张坐床，床的两边挂着嘉木样活佛、贡塘仓活佛以及两代班禅大师等藏传佛教界人士的画像，只有经堂顶部的三角区供奉着一尊小型宗喀巴铜像。据活佛介绍，这是一个已有五六百年历史的文物，院中除了不足一人高的一个藏式佛塔外，花草丛生，极为荒芜。寺院的院门也和周围的农家没什么区别，没有任何标识。道光、咸丰年间鼎盛一时的吉祥寺经战乱和其他大小不等的变故，成为今日我们看到的模样，其盛衰差异，令人惊异。至于有上千年历史的大崇教寺，更是今非昔比，主体结构也只剩下一座经堂，偌大的经堂中，除了悬挂的两幅三世佛和宗喀巴大师的佛像外，空无一物，只有经堂门上富丽堂皇的装饰图案及其色彩艳丽的遗痕，让人依稀能想起大崇教寺往日的面目。

　　藏传佛教以如此之势在岷州地区衰退下去的主要原因在于，雍正初年，清政府派年羹尧平定青海之后，便开始了对西北地区的直接统治，历史上所谓"生番"和"熟番"的划界再次向西深入。结果，岷州便彻底失去了边疆据点的重要性，岷州的宗教领袖失去了重要的政治角色，也失去了政府继续大力支持的藏传佛教在岷州的影响力。与此同时，各地格鲁派大寺纷纷崛起。因此，入清之后传统的家族性寺院不再是王朝统治者所倚重的对象，清政府对西藏地区的统治，只需要通过格鲁派的上层人物，而无需通过其他教派或地区的领导人来完成。

　　虽然岷州的藏传佛教失去了政府的大力支持，但由此却促成了民间宗教活动的广泛开展。当时规模最大的民间宗教活动当属大崇教寺的佛诞大会，这些法会不仅延续时间长（前后达 8 天之久），且内容丰富，有诵经、迎佛、神舞、降妖除魔、施食等活动，成为当时岷州最大的宗教节日和民间节日，吸引了临近州郡的大批僧众。所以入清以来，大崇教寺虽然在政治上再没有什么大的作为，但其社会影响依然存在，影响至现在的甘南藏族自治州、四川阿坝藏族自治州以及甘川交界等地区。此时，"宗教已经不是唯一的世界观意义的体系，宗教的规范也限定于特定的宗教领域，不能作为经济的和政治的规范，神圣世界与世俗化的要求发生矛盾。政治经济结构要求具有高度合理化的职能，也不是宗教的价值体系所能胜任的。宗教只能从各个领域中撤退出来"[1]。而作为岷州地区藏传佛教文化中心的大崇教寺在这一时期所表现出来的也只是短暂的繁荣，其衰落的趋势已在所难免。

　　大崇教寺契约文书中就有反映大崇教寺惨淡境况的记录。如民国三十七年（1948年）元月十八日的一件文书中说："因为困逼流难倒闭佛事，今将祖遗康家山僧业地土一处对同地方绅老王杰三等委交于胞兄后克业代理看守。每年经收租来供奉香火支应佛事，以致佛门光荣。"[2]这份关于大崇教寺寺产出租的契约中，"康家山"和其他文书中出现的"马场（厂）街"、庄窠等地均属于大崇教寺寺产的范围之内，从"困逼流难倒闭佛事"到"每年经收租来供奉香火支应佛事"中可见，大崇教寺的当时经济状况已变得十分惨淡，就连基本的佛事开支都需要出租寺院的土地。这和《西天佛子源流录》中所记载的"勅岷州卫关军做佃户"的情景已不可同日而语了。另一件民国三十七年二月初十日所立的"合同分单"文书中也有相类似的记载："因佛事停止，所有祖遗康家山僧业地一处，共有四房僧人两房现不在家，今有僧人后克正、后克明兄弟二人央请亲邻樊晓春将此僧业面□搭停两股均分以应佛事顶纳田赋。"[3]此件文书中所述大崇教寺土地所有权转换的最主要原因仍是"因为佛事停止，以应佛事顶纳来田赋"。

　　据王树民《陇游日记》记载，20世纪30年代前后岷州地区最大的寺院只有大崇教寺、法藏寺、吉祥寺（庞家寺）和奔直寺4处。以奔直寺为例，寺中具体情况是：

---

[1]　罗竹风编：《人·社会·宗教》，上海社会科学出版社，1992年，第211页。

[2]　彭晓静：《甘肃岷县大崇教新发现契约文书研究》，西北民族大学硕士学位论文，2011年。

[3]　彭晓静：《甘肃岷县大崇教新发现契约文书研究》，西北民族大学硕士学位论文，2011年。

僧人除在寺者，尚多在外云游，以拉卜楞寺、塔尔寺、拉萨、五台
山、北京等地为主，今在外者有数十人。……为人诵经曰"走施助"。
经有两种：一曰《皇经》或《护法经》，法效为祈福、禳灾、治病等；
一曰《亡经》，超度死者诵之，经典皆为藏文。近年民穷，诵经一日，
每僧仅得布施一角左右而已。寺产，有地八石，均由乡民布施而来，租
税由乡民代纳[1]。

可见，岷州的藏传佛教在此时已进一步的民间化，佛教中原有的说教部分
功能已经完全退化，变成了以祈福禳灾、治病度亡为主。这在外部特征上也越
来越接近于原始苯教。当然，这也受到岷州独特的杂居环境影响所致，岷州汉
族头脑中崇信的"鬼神"观念并不次于藏族，甚至有过之而无不及，这可以从
一些汉族群众的祭祀活动中看出来[2]。

此外，在寺院中，罗汉要晋升为高僧，都可以花钱来实现，藏传佛教寺院
中严格的考试制度在此已废弛殆尽，金钱开始腐蚀寺院内外。再加上藏传佛教
在外在形式上进一步发生变化，汉族僧人在寺院中占半数以上，汉文化已完全
渗透到岷州藏传佛教的各寺院中，以至于寺中的高僧对汉地科举考试等级制度
竟熟稔于心。和其他地区相比，当地的藏族民众对藏传佛教的信仰已非常淡薄。
又因岷州地区藏传佛教的信徒多为汉民，于是，社会联系的增强和宗教群体联
系的削弱，使得藏传佛教不得不向现代社会的联系屈服。正如王树民先生所言：
"喇嘛教之余音末流，宗教感化人心之高尚作用似失职久矣，所余者惟躯壳形式
与残渣迷信耳。"[3]

除上述原因之外，岷县贫穷落后的经济状况也直接导致了藏传佛教在该地
区快速衰落下去。寺院命运的终结不是单一因素作用的结果，但其中最不容忽
视的一点是——宗教的世俗化，特别是在岷县这种汉藏混杂、佛道共存、信仰
不够坚定的地区表现得就更为明显[4]。

---

[1]　王树民：《陇游日记》，《甘肃文史资料选辑》第28辑，甘肃人民出版社，1988年，第143、146、
　　　147页。

[2]　谈士杰：《本教藏传佛教与岷县汉族群众的信仰》，《青海民族学院学报》1989年第3期。

[3]　王树民：《陇游日记》，《甘肃文史资料选辑》第28辑，甘肃人民出版社，1988年，第146～147页。

[4]　彭晓静：《甘肃岷县大崇教新发现契约文书研究》，西北民族大学硕士学位论文，2011年。

第三节　大崇教寺对岷州藏传佛教文化的影响

宗教是一种为社会统一、协调、系统化、整体化的文化工具。由于这一功能，宗教在社会文化各方面有着深刻而巨大的影响。在一些特定的历史背景下，宗教还渗透到政治、经济、法律、伦理、风俗习惯等领域，甚至可以说，宗教是它们的一种决定性影响因素。宗教与文化的这种结合并非完全是统治阶级的阶级意志，其中也有自然而然的成分，表现出某些历史的必然性[1]。藏传佛教文化的形成尤其能体现出这一点。藏传佛教在传入岷州地区之始，也在逐渐适应这个地区各个领域的要求，通过与本地区文化的相互交融，形成独特的藏传佛教文化。因此，大崇教寺作为岷州地区最重要的藏传佛教文化的中心之地，在岷州藏传佛教的传播过程中起到了积极的作用。

一、藏传佛教高僧对岷州佛教发展的贡献

岷州地区藏传佛教高僧辈出，尤以班丹嘉措、班丹扎释和释迦巴藏卜的贡献最为突出，被誉为促进汉藏友好的"洮岷三杰"。他们都出身于洮岷地区的藏族望族，本身代表着大小不一的集团势力，特别是在明初民族关系上的贡献尤著。

班丹嘉措，又称仲钦巴，洮河人氏。根据班丹嘉措在南台觐见永乐皇帝以及他于 1405 年推荐班丹扎释作为明廷派赴哈立麻处之翻译等活动来看，他留居在京师的时间里进行了大量的活动，主要是把洮岷地区的藏族子弟派送到中央政府培训，使他们成长为推行明廷民族政策、宗教政策的执行者。班丹嘉措属于藏传佛教哪一派，藏文献资料中并无明确的记载，但从他所弘传的"道果"法来看，或与萨迦派有渊源。25 岁时他去往乌斯藏游学，精通因明、般若，又对古印度四大语系的文字进行研究，诗学造诣，更为卓绝。他一生在洮、岷等地进行藏传佛教的教育和弘传事业，弟子众多。晚年，他在岷州修建了法藏寺。约于公元 1408 年前后圆寂。由于他和萨迦、噶玛巴及帕竹派之间的关系，对明朝政府在西北地区政策特别是在洮岷地区的推广，有着很大的促进作用。他的

---

[1]　吕大吉：《宗教学通论》，中国社会科学出版社，1998年，第691、694页。

弟子们也继承他所推行的加强民族关系的事业，并将其推向新的高度，使有明一代，河洮岷地区成为通向乌斯藏的中心[1]。

王树民《陇游日记》记载了他在民国二十七年（1938年）探访法藏寺当时的情况：

> 现有高僧一，兼压床，下有徒弟四人，又罗汉四人，共有徒弟三十余人，均汉人。……据包君云，此寺最富，有田不下数十石，每人可得地二石左右，故"娘家人"亦多就食于是，寺外实更养活若干民家也。……一曰"禁库佛"，乃一大铜镜也，径约三尺，镂有花纹，甚精致，视其铭文则明永乐帝所施赐者也。一曰"佛牙"，长尺许，宽约四寸，厚曰三寸，实为古兽骨化石，不知其何自来者。正殿较前所观二寺（奔直寺和吉祥寺作者注）均大，内陈铜佛像甚多，上均有铭文，一曰，"泰昌元年八月上吉日钦奉当今圣主发心诚造赉请西域敕建护国万寿法藏寺永远供奉"，又一曰，"大善法王沙加上师像正德八年七月初一日"，此外有正德十六年布施之佛像四尊，宣德年间布施之小佛像四尊等[2]。

虽然寺中之僧人对于明朝宫廷的宠信之详细情况不甚了解，但寺中所存留之物或可证明统治者利用宗教安抚地方的方式。

班丹扎释，《岷州志》载作"俗姓后氏"。《西天佛子源流录》中详细记载了其从出生、求法、弘法的整个过程。《源流录》正文共有七品内容，从班丹扎释的家族历史、班丹扎释诞生及幼年拜师学法，13岁师从班丹坚措出家修学，17岁随班丹坚措至山西与晋王印施"西番字"经典，并游历五台山礼拜文殊圣像；30岁奉永乐皇帝之命迎侍大宝法王，跟随法王回乌斯国，于粗卜寺精修禅观；34岁以后回到北京协调乌斯王与朝廷的矛盾，后又为永乐帝送达颁赠大宝法王的礼物，并继续在西藏修习五年之久；39岁回到北京；41岁时回到岷州地方开山造寺；43岁时他被任命为僧录司右阐教。三年后，他被明太宗派往卫藏去审查大宝法王哈立麻的转世，这是见于史书记载的中央政府第一次审查藏传佛教活佛的转世情况。洪熙元年（1425年），敕封"净觉慈济大国师"。景泰年间，封为大智法王。他深得历代皇帝们的信任和敬仰，封号级别不断提

---

[1] 吴均：《论明代河洮岷的地位及其三杰》，《青海民族学院学报》1989年第4期。
[2] 王树民：《陇游日记》，《甘肃文史资料选辑》第28辑，甘肃人民出版社，1988年，第151～152页。

升，由大国师晋升为西天佛子，由西天佛子晋升为大智法王。明成祖永乐初年，他应诏入朝，先后五次奉旨出使乌斯藏，密切了他和阐化王之间的关系。班丹扎释的这些政治活动，不仅密切了他和当时西藏几大地方势力集团之间的关系，也使明廷对他更加重视。同时，这些政治活动也使中央和这些地方势力的关系更加密切，进一步确保了明代西北边地稳定融和的局面。

为了旌表班丹扎释的功绩，明朝政府还在北京著名的藏传佛教寺院大隆善寺中，为其雕刻紫檀木等身坐像一躯。在明代众多的藏族高僧中，有此殊荣者仅班丹扎释一人。班丹扎释一生的功绩，原藏于大隆善寺中的《西天佛子大国师班丹扎释寿像记》有这样的概括："永乐间，征之赴阙，留京馆寺，对扬称旨，尝偕进臣陪送大宝法王远抵其国，道力所致，神物护持，涉历山川，略无险□□□，太宗皇帝嘉叹久之，授以僧录禅教，赐之甚隆。继而屡奉明命，往还西域，远夷率服，边境无虞师之。以慈化物，佑□□□国推诚之。至凯庸可得窥测也哉。宣宗皇帝践祚之初，加以今号，金章宝诰，特宠之吁，何其□□。敕修大隆善寺，师所居丈室遂撤，而新立之，所费之资□□□。"[1] 可见，班丹扎释以自身的修为赢得了明太宗、宣宗、英宗、代宗四位皇帝的信任和尊崇，为了国家的统一、汉藏民族的团结和文化事业的交流，为了明代藏传佛教的发展，特别是大崇教寺的兴盛，功绩卓著。

另外，班丹扎释还是明朝藏文版雕版印刷早期的参与者之一，《西天佛子源流录》中有关于班丹扎释"命番译金书大藏经"的记载，这一事件也标志着班丹扎释参与了明初藏文印刷业的产生、发展和传入的全过程。有此完整经历的唯有班丹扎释一人，这在汉藏民族文化交流史和藏族文化史上的贡献是不可磨灭的。

释迦巴藏卜，名释迦室利，《明史》译作沙加，巴藏卜是对喇嘛、高僧之尊称。他驻锡于班藏寺，为得银协巴的侍从，跟随其学习显密教义。之后他曾师从宗喀巴大师，并于宗喀巴座前受具足戒。他曾奉明皇帝之命，先后敦请宗喀巴七次，虽未迎请成功，但却密切了与格鲁派之间的关系。他率领各地僧俗朝贡，深受明廷的赏识，先加封为国师，正统十年（1445 年）又受封为"灌顶

---

[1]　《西天佛子大国师班丹扎释寿像记》为原法源寺护法殿前的碑记，原石已佚，拓片藏于北京图书馆金石部。《藏史丛考》，2006年，第237页。

净觉佑善大国师"，景泰四年（1453年）又加封为"西天佛子大国师"。他先后在班藏寺和大崇教寺大兴讲辩。在他的推动下，大崇教寺与班藏寺成为藏族文化发展的中心。沙加在大崇教寺建设期间及建成之后，一直驻留此寺并代班丹扎释兼管寺僧之事，并参与了大崇教寺修建的全过程。

以上所述"岷州三杰"的历史活动可以看出岷州僧人对岷州地区藏传佛教的巨大推动作用。他们培养人才，修建佛教寺院，弘扬了藏传佛教文化。而且避免了战争，保持了社会稳定，维护了祖国统一，密切了民族关系。正因为如此，所以当时传诵着这样一首颂词："文殊化身班丹嘉措尊，持密主宰办丹扎喜跋，慈悲之主释迦巴藏卜，敬礼恩德无比三上师。"[1]

二、藏传佛教对岷州汉人社会信仰的影响

藏传佛教的发展对岷州地区的影响深远，如上文所述，明朝时期岷州地区建立了很多藏传佛教寺院，这是其一。其二，一般来说，汉地的藏传佛教寺院最初多为藏族僧人所创建，但后来汉族群众开始入寺为僧。还有一些汉族人直接进入藏族地区，在藏传佛教寺院做了僧人。

不仅如此，藏族和汉族的风俗习惯和宗教信仰已融为一体。有清一代，河湟、洮岷地区民间社会的丧葬和祭祀活动中常有藏族僧人的身影。藏传佛教也借助节庆、法会吸引汉族信众，借此扩大影响，汉族群众参与其中，以满足精神需求，二者之间由此产生联系[2]。岷州大崇教寺曾是藏族后氏家族主导的家族性寺院，在沟通中央与西藏地方社会及汉藏文化交流方面发挥过重要作用[3]。每年农历四月，大崇教寺都会举行佛诞大会，自初八起，僧人坐堂诵经，十一日至十五日，举行跳神、迎佛活动。"此数日中，居民约会者携茶茗、运炒面，供僧食用，谓之熬广茶。其余汉番男女及临郡、洮州诸番朝山进香者摩肩接踵，各携清油酥油赴寺点油礼佛，谓之燃海灯"[4]。在此法会期间，"汉人亦时往彼

[1] 严永孝：《甘南藏区藏传佛教的寺院文化研究》，西北民族大学硕士学位论文，2007年。
[2] 李健胜：《藏传佛教对清代河湟洮岷地区汉人社会的影响》，《青海师范大学学报》2012年第9期。
[3] 杜常顺：《明代岷州后氏家族与大崇教寺》，《青海民族研究》2011年第1期。
[4] ［清］汪元绅、田而穟纂修：《岷州志》卷十一《风俗·岁时》，张新羽主编：《中国西藏及甘青川滇藏区方志汇编》第26册，学苑出版社，2004年，第108页。

中货易，然必操番语、认酋豪为主人，而后可通云"[1]。

众所周知，藏族的每家都祀有家神，而岷县汉族群众也有供奉家神的风俗，考察其众家神，大概分为两类，一是藏化了的护法神（原属佛教，来源于印度），俗称"番神"。二为龙王、老爷和娘娘、菩萨之类。这些神仙大都来自佛、道教和民间信仰，或是历代忠良名将及传说中的天神之类。但杂居区的汉族中还有比较特殊的家神，比如洮州梅村的"侯姓"藏族和西江乡的袁氏家神就是独供宗喀巴大师[2]。如此便已说明藏传佛教对岷州汉族群众信仰影响之深。另外，杂居区的汉族群众还会接受活佛的摩顶，显然这也是受藏族习俗影响所致。请喇嘛念诵经文，更是成为群众日常生活中必不可缺少的一项活动，后渐渐成为藏汉两族共同的习俗，至今如故。特别是岷县汉族僧人从古至今一直使用藏文，这是藏传佛教对汉族群众深远影响最好不过的物证之一[3]。

在岷县东部山区的神灵"守雨"也是一种独特的宗教信仰活动，其中藏传佛教和道教的成分都很浓厚。每年的四月初八，"佛爷"开始"插牌"巡域。"插牌"是神灵对自己看管的地域的一系列巡域活动，也是"守雨"活动开始的标志与象征，乡民将"插牌"巡域活动称之为"佛爷走马路"。在神灵的"插牌"巡域的"苏克斗"（意为挡雹台），一般就是由喇嘛（最好是活佛）或是阴阳师布阵和修建。在藏传佛教的影响下，岷县民众中还渗透着"修来世"的思想。由此足以说明，藏传佛教对岷州地区的影响时间之长，深度之广。

总之，岷州大崇教寺的建立与发展极大地促进了藏传佛教在岷州地区的传播与影响。不仅仅在于其对藏汉群众的教化作用，还在一定程度上维护了岷州地区的社会稳定和民族团结。明清时期藏传佛教寺院的兴修更使岷州地区形成了一个以藏传佛教为中心的宗教文化圈，汉藏商人、农牧民、匠人、艺人、僧人等在这里聚集活动，推动了汉藏经济、文化和艺术的交流。

---

[1]　《岷州乡土志·人类》，张羽新主编：《中国西藏及甘青川滇藏区方志汇编》第26册，学苑出版社，2004年，第108页。

[2]　王红娟：《明朝时期藏传佛教在岷州的发展与影响》，《陕西社会科学论丛》2011年第4期。

[3]　谈士杰：《藏传佛教在岷州》，《西北民族研究》1995年第2期。

明清时期大崇教寺文书释读

明清时期的大崇教寺文书，上迄明天启四年（1624年），下至清宣统三年（1911年），其中明代文书3件，清代文书40件，反映了岷州地区100余年间的时代变迁、经济发展和社会演变，成为岷州区域社会历史的写照。明、清两个时期的大崇教寺契约文书的内容虽略有不同，但其形式基本一致，主要是关于土地管理所有权的归属，没有大规模的土地买卖和租佃。官契和白契几乎都完整记录了土地持有人的基本情况、土地所有权的说明、签订契约的事由以及立契人双方的权利和义务。值得特别关注的是，涉及到寺院土地或其他生产资料的分配和使用以及寺院管理者的公选等问题的契约文书，代表了众多契约类型中的较为特殊的形式。

第一节　明代大崇教寺文书

1. 执照（1624年）

岷州卫军民指挥使司为明鉴开耕祖业，以恤贫寒事。

蒙差整饬洮岷等处兵备道陕西按察司副使李　批据本卫呈前事，蒙批杜天荣、陈尚伦依拟赎发地土、庄窠、磨房归寺管业，原欠于卫地价，仍在后冬哥买约内扣还，余如照实收缴。依蒙遵照批示，除将各犯纸赎银两，并原欠地价银数已经追给原主收领外，遵将本僧执有宣德年间伊祖师后班连扎石置卖红契内，四至地名拟合给照遵守。为此，仰僧人后冬哥即将原断祖置地名同井古城地土，东至章大他水渠为界，南至古城上路外处地为界，西至泥那沟口为界，北至章大同泥那沟各水口为界；古卜地土壹处，东至沟边水外地为界，南至沟边外地为界，西至三山班的卜松山为界，北至外地为界。四至分明，与贰处地土、庄窠、磨房归令本僧常住为业。自照到日为始，本僧亦不许指此混占别人田土，查出重究不贷。须至执照者。

右给僧人后冬哥。准此。

天启四年三月壹八日

执照一面

2. 执照（1624年）

洮岷道委官岷州卫理刑指挥佥事赵　为清查开垦，拓抚流移，以育民生事。

蒙整饬洮岷等处兵备兼理分巡屯田驿传道陕西按察司按察使李　宪牌前事。蒙此已经出示招开去后。今据大崇教寺僧人班就额竹禀称："本寺同井地名古城，见原有常住田地一分，东至章大他水渠，南至古城上路，西至泥那沟口，北至张大同各水口，各为界；又古卜地一处，东至沟边水外，南至沟边外地，西至三山班的卜松山，北至外地，各为界；四至分明，已蒙明示，仗勘明白，恳乞给照"等情到司，据此拟合，就行给照。为此，照仰本僧人前项地土准为常住田地，各照四至管业，亦不许指此分外侵占他人田土，访出或被人告讦，定重究，上不轻贷。须至执照者。

　　　　　　　　　　右给大崇教寺僧人班就额竹。准此。

天启四年十二月初一日

清查开垦等事

执照一面

3. 执照（1632 年，62 厘米×74 厘米，图一）

　　巩昌府抚民厅为祈天寻讨执照，以防后患事。

　　据大崇教寺僧人旦巴扎石边就登□□□□告增本寺常住地土，拘唤干证，查审各僧，凭中乡民包清何等讲和明白，其曾汝江所占僧地，照地名束卜山、大柏林中嘴山地，断明归僧。据旦巴扎石告讨执照，以后在（再）不许横占。为此，仰各僧收执，若有朱迷南林竹等侵占僧地，执照赴告，以凭究拿，本僧不许别生事端，查出并究，须至照。

　　　　　　　　　　右照仰大崇教寺僧人

崇祯五年三月初八日

执照一面

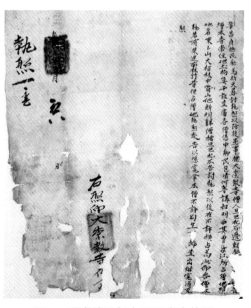

图一　明崇祯五年（1632 年）执照

以上三件明代文书是岷州卫所辖指挥使司、理刑指挥司、抚民厅三个部门分别就大崇教寺僧人土地所有权所出具的三份官方认证的执照。这里的"执照"，指的是官府所发的文字凭证。《元代白话碑集录·永寿吴山寺执照碑》："重审得：前项地土并无违碍，合行给付本人执照。"又有清褚人获《坚瓠七集·批执照》："何敬卿既告陈海楼，又恐诸御史以他事中伤之，复诉于海刚峰，求批一执照。"[1]《六部成语注解·户部执照》："收到银项公文等件回给之凭票也，又受官之证书，亦曰执照。"[2]以上即为执照之译释。大崇教寺契约文书的文字均采用毛笔书写在横长40～50厘米、纵宽50～60厘米左右的黄棉纸上，文字竖排，右侧开始，左侧结束。以下所述的所有契约文书均采用这种书写形式。在官方所发的文书内容末尾日期处盖有印章，而民间所立的契约采用的则是签章或者手印的形式。上述三件明代文书，颁发机构分别为岷州卫军民指挥使司、岷州卫理刑指挥和巩昌府抚民厅，表明文书是通过官方所签发的。在契约学上，把盖有官府红印的契约一般称为红契，没有官方红印的则为白契。

以《明崇祯五年执照》为例来说明文书的结构内容。"执照"自右侧竖排开始书写，首行开头就指出该执照的签发机构是"巩昌府抚民厅"；立契的原因是"为祈天寻讨执照，以防后患事"；下面是立契的主要内容"据大崇教寺僧人旦巴扎石边就登□□□□告增本寺常住地土，拘唤干证，查审各僧，凭中乡民包清何等讲和明白，其曾汝江所占僧地，照地名束卜山、大柏林中嘴山地，断明归僧。据旦巴扎石告讨执照，以后在（再）不许横占"；文书的结尾处"不许别生事端，查出并究，须至照"则是为了预防纠纷发生而要承担的约定责任。最后是落款和签章。文书内容中明确指出束卜山、大柏林中嘴的山地为寺院所有，而且是寺院的常住地，属于寺院的公共财产，但被乡民曾汝江等侵占，于是寺僧向抚民厅提起公诉。巩昌府抚民厅对于大崇教寺僧人旦巴扎石提出的诉讼请求予以了支持并回复，并用"执照"的形式把原本属于大崇教寺的田地判定归属。此件文书的内容较为完整，包含立契人、立契事由、契约内容和双方达成的约定，且符合官方文书的格式规范。文书立契理由"为祈天寻讨执照，以防后患事"中出现的"祈天"一词，是否带有祈求上天保卫护佑寺院的意

---

[1]　邹芙都：《西南大学博物馆藏明清政府颁赐阿坝错尔基寺文书简释》，《民族研究》2008年第4期。
[2]　商务印书馆编：《辞源》，商务印书馆，1984年，第609页。

味，不得而知。但可以肯定的是抚民厅这一地方管理机构对于大崇教寺这座寺院的尊重和保护。在以下所要研究的大崇教文书中出现了多例类似于"天理合同""天理契约"如此之类文书的标题。"天"或是"天理"这样词语的使用，可以看作是自然的法则，同时也是神权与王权的合法性依据，目的是为了证明所签订契约的合法性、有效性和严肃性。

下面来看详细的内容。《明天启四年执照》共有两件，"执照"的格式基本相同，内容有所差异，分别为岷州卫指挥使司签发给僧人后冬哥、岷州卫理刑指挥司签发给僧人班就额竹的执照，内容是关于间井古城土地的归属问题。对比发现，两面"执照"所涉及的是同一块土地，即"祖师后班连扎石置卖"。第一面"执照"的时间是明天启四年三月，第二面"执照"的时间是明天启年十二月，也就是说在时隔不到一年的时间内，这一块土地从后冬哥的手中流转到班就额竹的手中。第三面《明崇祯五年执照》，虽然较之前两件文书内容较少，但从其中的"常住地土"很明显可以看出，所述内容与前两件类似，依然是关于寺院另一处土地被侵占后的诉讼判定问题。

综合以上三面"执照"来看，土地仍是明代岷州农耕社会重要的生产资料，土地所有权仍是社会关系的核心，所以文书中涉及的内容主要以土地为主。实际上，明朝这一时期的土地管理制度基本是以政府为主导强制进行的，究其原因主要是明政府为了赋税的征收，加强中央集权下政府对土地交易税赋的控制，明确纳税制度，避免政府赋税的流失。在这种情况下，为了明确产权的归属，所以就有了红契的产生，"执照"的作用就成了是对土地产权归属进行的官方认证。在土地管理机构方面，明代岷州地区并未设立专门的土地管理机构，来规范土地交易的行为，所以三面"执照"中分别是由岷州卫所辖指挥使司、理刑指挥司、抚民厅三个部门所签发。

毫无疑问，上述三件文书反映出的同一个历史史实是：原本属于大崇教寺的土地财产受到乡民的侵扰，被私人侵占。由此或可说明，藏传佛教已不再是社会信仰的主流，其社会地位已然受到了动摇。虽然仍会受到政府的庇护，但同建立之初的皇家寺院所受到的礼遇已相差甚远。而就在此时的岷州地区，中央政府除了延续明初制定的宗教政策外，同时又根据西北时势变化的实际，对寺院和宗教行为采取了更加严格的羁縻政策，以维护地区的稳定及与中央王朝之间的关系。

此外，为了发展西北经济，巩固西北边界，明朝在西北边境地区的军队组织开垦荒地，农业获得较大发展。岷州本属番外极边之地，军粮问题时常困扰着明政府，为了从根本上解决缺粮问题，明政府在洮岷河地区大力推行屯田制度。岷州卫的屯田始于洪武年间，初时以一分屯田，九分守城。但自宣德以后，岷州境内的军屯开始呈现衰败迹象。尤其是天启、崇祯年间，随着明代国力的渐趋衰落、政治的日渐腐败、课税负担过重以及军事将领疏于屯政，屯田制度遭受彻底破坏。军屯土地不断被官豪势要强占、隐占或买卖，向私有转化；屯军士兵由于为其上司承担的徭役越来越多，不堪忍受，从而导致士卒及其家属的大量逃亡，人口锐减。虽然屯田取得了一定的成效，然而，由于缺乏统一的规划和合理的安排，过多的追求耕地面积，形成过度的开垦。过度开垦的结果就造成了森林草原植被的破坏和生态环境的恶化，导致黄河下游水土流失、土壤沙漠化和严重的洪涝灾害。在如此条件下，寺院所拥有的优厚的土地资源和财产，自然也就成为乡民意欲侵占的对象。

第二节　清代大崇教寺文书

1. 典契（1705 年，35 厘米 × 48 厘米）

立写伙典地土

文字人：宋起璋、朱四百代

二人央令中人包少魁说合，在于大崇教寺僧人后达节名下，二人伙典梅川山嘴他（塔）儿水地一段，其地下籽先典，老典约内不开。依先典钱壹拾四千，各该七串；依后本年十一月内二人复钱四千文，前后典复钱一拾八串整，二人各种地半段。有先典老约、复钱约共二张一面，宋起璋收主。恐后无凭，立此伙约存照用。封[1]

康熙肆拾肆年拾壹月初肆日

（每年小数良五升）

中见人：包绪魁、包国昌、胡得正、后万海、戴海

---

[1]　在此文书的结尾处有一变体文字"封"或是"空"，以示正文结束及后补无效之意。

立伙约人：宋起璋、朱四百代

代字人：戴弘元

2. 合同（1712 年）

立写合同，分归地土，修建寺院，永报皇恩

文约人：大崇教寺住持寺主后录扎达节、后奴卜登住

因昔年始祖后法王，用价于宣德元年一约内，置买同井常住地名古城田地一分，所有四至：东至章大滩水渠为界，南至古城上路为界，西至泥那沟口为界，北至章大滩各河为界。文约内地名古卜田地壹分，东至沟边水渠为界，南至沟边为界，西至三山班的卜松山为界，北至别人外地为界，两处田地四至分明。

缘因同井有敕建进贡拱卜寺一座，内有招中额马一匹，年深坦（坍）塌无力修建。其敕书前巳缴投在部，俟此寺建修完日讨领敕书。屡蒙严檄催修。今祖师法王正流徒孙，赐名常郎爵巴，原经名常录藏扎什，发心修建寺院，报效皇恩。寺主后录扎达节弟兄，将昔年法王用价置买此前项地名地土贰分，分归与常郎爵巴，建修拱卜寺院。俟修理完日，颁领敕书，仍前与大崇教寺进贡招中。自今以后，着常大喇嘛师徒，永远修寺住持，报效国恩。巩后无凭，立此分归合同文约，永为存照，所有原买文契并新旧印照共肆张，寺主后录扎达节收存此照。封

康熙伍拾壹年肆月十九日

寺主：后录扎达节、后奴卜登住

大喇嘛：常郎爵巴

中见人：赵国辅、董上策、高文进

书约人：米君宝□

3. 典契（1718 年，33 厘米 × 45 厘米）

立合同典地土

文字人：大崇教寺僧人后达节

因为使用不便，今将自己祖置梅川山麓刘家门前塔儿前包家水地

半段，四十四年典与梅川住人宋启璋耕种，得到典价廛钱玖千文后，五十七年央凭中人包少魁说合，原典主宋启璋耕种，复添典价廛钱三千文整，前后共典价廛钱壹拾贰千文。当日钱地两交，并无欠少。自典之后，不分年深远近，有钱抽赎，无钱照旧耕种。或有房亲地邻等争言者，不管钱主启璋之事，一面地主达节承当。恐后无凭，立此典约存照。空

康熙五十七年四月二十六日

（每年小数粮伍升）

说合中人：李荣贵、包少魁

立约人：后达节

书约人：戴弘德、戴弘德正

4. 合同（1722年，30厘米×44厘米，图二）

立写田地杜绝合同

文字人：毛初店，在街众居民余朝栋、石毛哥、石观音代等

因为先年历代已来林木昌盛，铺上沟、种下沟、铺下沟、种上沟，已令人数代多番拣耕种，出入不便，二家商议在大崇教寺地住名下行路一条，因二家草山田地朦横，角口相嚷，告赴青天熊太老爷案下，行批词内讦证同乡地，秉公查覆，央令乡人包养财等对同众民二家平（评）讲，草山具在，芦草沟、大湾沟口已河漫，豆嘴已下，俱系二家草山出入，已上俱系后姓田地。泉湾阴山，俱系后姓所遗地土。闵念喑哑，路遇窄狭，舍地三斗籽数，泉口依河阳山俱系后姓田地。依河阴山俱系二家草山出入，二家永无争端。牙占沟起大车厂已前山阳山，其长嘴已西，后姓田地。其长嘴已东，俱系二家草山。已今田地草山对同众讲明，二家嘱咐：泉湾初（出）口起，其长嘴上阳山半坡已下并□□□□二家□姓出入；草山斗（陡）坡已上长嘴已西俱系后姓所遗田地。已讲之后，二家草山并后□□□□容，吞吐口端，永为遵收。故立杜绝□□文约，右照用。封

康熙六十一年五月二十二日

对同乡中人：祝君魁、包养财、路扶汉、包绪魁、石六代、石广奇、石番□

立合同约人：众居民石毛哥、余朝栋、石观音代、包养凤、池文忠、石进财等

同乡地：巨怀、舒应宗

代书人：石广珍写

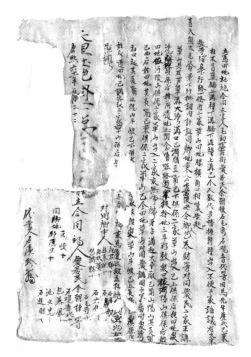

图二　清康熙六十一年（1722 年）合同

以上四件文书没有官方的印章，显然是民众自行签订的白契。白契的基本形式即买卖双方约定书写，然后有中人的见证和画押。这种契约在多数情况下，可以保证双方履行契约的规定，也被民众和地方官员所认可其有效性，被视为仲裁有关土地产权纠纷的重要凭据。这四件文书的名称中虽有"文约"和"合同"之分，"文约"意为文书契约，和"合同"在本质上没有什么区别。

前三件文书涉及同一个土地所有人，即后达节。后达节的身份信息在《清康熙五十一年合同》明确为：大崇教寺住持寺主。

《清康熙四十四年典契》是宋起璋、朱四百代二人租种后达节名下土地所立的合同，与此合同涉及同一块土地是《清康熙五十七年典契》，后者是对

前者的一个补充说明，记录了从康熙四十四年到康熙五十七年此块土地的流转过程。

《清康熙五十一年合同》是大崇教寺僧人后录扎达节将祖遗田地分给常郎爵巴而立写的分归土地文约。后录扎达节为大崇教寺住持寺主，常郎爵巴为法王的直系徒孙。土地的用途为供修建拱卜寺院。"分归地土合同文约"为文书标题，表明契约的类别。文约开头明确指出立契人：大崇教寺住持寺主，后录扎达节和后奴卜登，后接着"缘因闾井有敕建进贡拱卜寺一座，内有招中额马一匹，年深坍（坍）塌无力修建。其敕书前已缴投在部，俟此寺建修完日讨领敕书。屡蒙严檄催修"，指出立此文书的原因。"将昔年法王用价置买此前项地名地土贰分，分归与常郎爵巴，建修拱卜寺院。俟修理完日，颁领敕书，仍前与大崇教寺进贡招中。自今以后，着常大喇嘛师徒，永远修寺住持，报效国恩"，是文约中双方所约定的内容。

"昔年始祖后法王"，应指的是班丹扎释。班丹扎释在景泰三年（1452年）就被奉为"大智法王"。此文书所立的时间为康熙五十一年（1712年），对班丹扎释的称呼"法王"合乎事实。"后"是钦赐姓氏。至今岷县民众仍将班丹扎释称为"后法王"，这些契约文书也是由自称为"后法王"子孙的后氏族人所收藏。

"拱卜寺"，又名古城寺，是明朝时期岷州地区规模较大的藏传佛教寺院之一。"闾井"为岷州卫城的一个城镇，位于岷州城东部，拱卜寺就修建于此。历史文献中对此寺院的记载甚少，往往只有寺名，一笔带过。仅《岷州卫志——寺观》中记载拱卜寺在岷州境内，便再没有其他情况的进一步说明。但从此件合同文约中可知，拱卜寺建成的年代应在这份合同文约所签订的日期，即1712年之后，要远远晚于大崇教寺修建的年代。合同文约中指出"俟修理完日，颁领敕书，仍前与大崇教寺进贡招中"，可见，拱卜寺是大崇教寺的属寺。其中"招中"有两个意思，一是少数民族在中原地区被辖之意，二是编入内地户籍。"招中"在此处应属前者，作为大崇教寺的属寺，理应被其管辖。值得注意的是，"拱卜寺"是"敕建"而成，并有朝廷的"敕书"，其自然不同于一般私建的寺院。作为大崇教寺的属寺，仍在官方的置领之下。这样一来，在经济方面，寺院可以在一定的时间内得到官方一定数量的资助，来维持寺院的日常开支，如进行佛事活动、僧人衣食所费等等，另外在寺院的修缮等方面也可以得到政府的经济资助，同时还可以得到朝廷的赏赐。

《清康熙五十一年合同》中所指出的立文约人为"大崇教寺住持寺主后录扎达节、后奴卜登住"。这是所见的大崇教寺契约文书中第一次出现除班丹扎释以外大崇教寺寺主的明确信息。大崇教寺的历代寺主传承情况史料记载极少，仅《安多政教史》中有所记载，大崇教寺是由岷州高僧班丹扎释创建于永乐十三年（1415年），扩建完成后，遣当时名僧住寺住持，但并未言明其人名号。在岷县发现的两件有关班丹扎释的法旨中，有大崇教寺最初的法脉传承的相关信息。其中的"正统法旨"是班丹扎释颁发给主持绰竹藏卜为首的大崇教寺所有国师、禅师、僧官及僧俗有关人员的。法旨正文中还对沙迦给予高度评价，称之为弟子中"最出众者"，指出他"担任大崇教寺主持十余年后让位于绰竹藏卜"等信息 [1]。所以，上文所录《明崇祯五年执照》文书中出现的僧人旦巴扎石和此件文书中所述的住持寺主后录扎达节和后奴卜登住，这两条信息就显得至关重要。事实上，大崇教寺契约文书关于大崇教寺寺主和寺僧信息的资料远不止此。如乾隆时期寺主后一世松诺、光绪时期寺主后有禄、民国二十七年（1938年）间的寺主后克正、民国三十年（1941年）间的经理寺僧后维桢以及民国三十七年（1948年）间的寺主后克发等。很显然，大崇教寺契约文书所反映出来的这一重要历史史实，极大地弥补了关于大崇教寺寺主历史资料记载方面的缺失。而通过从大崇教寺契约文书中所梳理出来的这些寺主的名单中，总结出这样一条规律，即寺院的住持几乎一直为后姓族人所把持而传承延续，虽然他们的姓名采取的是由最初的藏族姓名形式到后来的完全汉化姓名形式，但是后氏家族主导性的地位却从未改变过。究其原因在于藏传佛教在岷州地区的衰落，使得民族融合现象也表现得越发明显。其实，明代内地的僧官传承方式一般采用的是师徒相袭，但在卫藏、安多和康区却普遍以家族性寺院的方式存在，即寺院的领导权均由某一个固定的家族掌握，法脉相承到叔侄、父子传承。僧官的封号申报也是由世袭僧官把持，外族无法干涉。自11世纪以来，这种家族性的寺院曾经是藏传佛教内部普遍实行的一种僧团组织。典型的例子如元代

---

[1]　李志明、洲塔：《新发现的两件班丹扎释法旨及相关史实考述》，《中国藏学》2016年第3期。

萨迦派就是以昆氏家族为中心存续的；明代帕竹噶举派世代由山南朗氏的帕竹家族统领。当然，大崇教寺是甘青地区家族性寺院最具典型性的代表，大崇教寺住持后氏"拿把家"后裔金钟等是这样描述的：我们寺上的管理，外人是插不上手的，全部由我们本家人把持着。分工非常细，共由四大家分别管理：拿把家、二拿把家、头门家、压床家。拿把家是总管，二拿把家是二管家，头门家是三管家，压床家专门管理诵经等佛事活动。当时的这种分工，也就世袭制的在这四大家庭中分别沿袭到解放初。关于"拿把"或是下文文书内容中出现的"纳巴"的职责，我们可以在《清光绪十八年四月二十六日合同》《清光绪三十三年全月十七日字据》中具体了解到。而各家的职责以及权力大小的区别在民国之后的分家文书中也有所论及。

岷州后氏在岷州地区拥有强大的僧俗权力，寺院寺主也一直为后法王后人代代承袭。《清康熙五十一年合同》中常郎爵巴便是其一。据马欲飞、马尚清《闾井古城藏经寺考》，"古城寺产（包括拱卜寺常住）全部分归与'祖师法王正派徒孙'常郎爵巴，许以大喇嘛常郎爵巴不付地价，而是将其用来修建拱卜寺招中额马。"由此或可说明，岷州后氏及其所统辖的包括古城寺在内的招中寺院在清代仍然起着沟通中央与地方僧俗关系的桥梁与纽带作用，为维护国家统一、民族团结做出了重要贡献[1]。

《清康熙五十一年合同》中"用价于宣德元年一约内，置买闾井常住地名古城田地一分"清楚显示了另一个历史事实：僧人从事土地买卖的交易行为。事实上，早在唐代，寺院就开始大规模地购买土地，以扩大寺庙的财产，他们可以自己买卖、赠予或传承给子孙后代。文约中所说的后法王购置的土地就这样被他的后代子孙所继承，也就是大崇教寺的历代寺主所继承拥有。

《清康熙六十一年合同》文书损毁严重，契约内容后半部分缺失。从现存的内容看，是毛初店与余朝栋、石毛哥、石观音代等乡民因为土地耕种的问题、行路的划分问题等而引起的纠纷，在官府熊太老爷批示下，责令同乡地秉公查处而后签订的一份土地分归合同。"立写田地杜绝合同，文字人：毛初店，在街众居民余朝栋、石毛哥、石观音代等"，合同的开头就表明了这份契约文书的

[1]　后永乐：《重建古城寺碑记考析》，《陇右文博》2016年第2期。

类别和立契双方。形成纠纷的原因是："数代多番拣耕种，出入不便"，所以才会央令乡人包养财等和众乡民做中间人进行协商解决。合同中明确了所涉及土地的数量很多，分处不同的位置地段。在明确这些土地归属之后，还划定了行路所开的位置。最后注明了买卖双方为预防纠纷写下的约定内容，强调了契约合同是根据签订双方的意愿而订立。合同的结尾处是立契日期和立契者、中人和代书人的姓名落款。此份合同，虽有县官熊大老爷的参与，但无官印，是民众自行议定而立。合同中只是对田地归属的划分，其中并未涉及土地的买卖交易，所以也没有交付货币的事实。从合同内容所述的"大崇教寺地住名下"和"俱系后姓田地"可以看出，合同所涉及的土地应是大崇教寺寺僧后裔所继承而来的土地。

5. 执照（1732 年）

署理甘肃布政司印务按察使司按察使　仍管西安驿传道事加一级

赵　为给发免纳税课执照事。

据岷州申报吉祥宝塔寺番僧常喇嘛，旧有建修水磨贰轮，原为四时诵经、遥祝圣寿、自给口粮之需，并非营利磨座。恳请免纳税课执照到司。据此，除详细抚宪外，合行给照。为此，仰吉祥宝塔寺番僧常喇嘛收执存照，如有坍塌，原照仍缴，毋得额外私设及影射民磨情弊，倘敢抗违，查出干咎未便，凛遵毋违。须至执照者。

右照给番僧常喇嘛收执

雍正十年十月初十日

布政司

这是甘肃布政司印务按察使司颁发给番僧常喇嘛的一份免纳税课的执照，为官方所发，属红契。从执照内容中可看出，被免除课税的是"水磨"，原因为它是非营利性的磨座。关于这一点，下文将有详述。执照内容中同时要求，寺院不得私设民磨。可见，此时政府对于寺院产业还拥有一定的监管权力。

"吉祥宝塔寺"也称为"藏经寺"。番僧常喇嘛，为明末清初人，祖籍岷州闾井。其先祖好善乐施，在明正德年间任闾井藏经寺住持。"一江白浪摩云岭，万树青松间井河。常子枕岷高卧处，月明人唱定羌歌"。明代吕楠写于正德年间的《题摩云岭》一诗中的"常子"即为间井藏经寺住持。据康熙《岷州卫志》"番属"节记载，达节管招中寺院35处，其中就有藏经寺。又据《岷州文化揽胜》记载："常喇嘛童子出家，习学佛经。及长，游历各地，增长才干。清兵入关后，曾在宫廷讲经。顺治时陪伴皇子，照顾过康熙皇帝，封'总督掌印'。康熙四十一年（1702年）印度北方伊斯兰教兴起，与佛教徒斗争激烈。当地佛教徒怕真经密本遗失，欲将一部分佛经运往中国。常喇嘛知情后，立即将这一部分佛经珍藏在间井藏经寺里。为了保护佛经，抢救真经密本，他离开宫廷，并重修藏经寺，亲自主持寺院事务。因此人们又把藏经寺叫'常家寺'。常喇嘛在寺院参禅讲经，广栽树木，为家乡群众办好事，并立碑纪念。为了确保真经万无一失，他又在今漳县金钟乡修建北沟寺（即锡庆寺），将部分佛经密藏在那里。常喇嘛圆寂后，藏经寺、锡庆寺所藏佛经大部分转运到西藏各大寺院。"[1]

6. 合同（1747年，33厘米×48厘米）

　　立写断札合同

　　文字人：众僧

　　因为陈家寺院前山有祝应海等开耕，有众僧央令包士德等与二家言说，两家情愿，原通中人与两家言明，原系祝应海靠南长山短嘴为界，西靠众僧熟地为界，北亭流湾道为界。因寺院前山丢荒，同中人立石定界。乞海在（再）不迈界。如海迈界，罚舍仓粮大豆五石。如众僧租与别人，众僧罚大豆五石。各赴舍仓完纳。自立石定界，断札永无争端。

　　合同二张，各执一张为凭，存照用。封

　　乾隆十二年八月十四日

　　寺主：长擅包罗汉

　　首僧：杨和尚

　　立断札合同人：祝应海 同子朝辅

---

[1]　岷州文化局编印：《岷州文化揽胜》，内部资料，2004年，第8～9页。

兑同中人：包士德、樊文换、樊宗圣、石生成笔书

7.执照（1773 年，55 厘米×45.5 厘米，图三）

署岷州正堂加三级纪录五次陈　为恳恩，超免杂差，以崇宗教，以广皇仁事。

据东寺、法藏等各寺住持、喇嘛僧后一世松诺、丁云旦一世、石丹子、杨吾、常罗汉等禀称："窃僧等生处边末，土瘠家贫，因避俗削发为僧，住庙焚修，静守清规。凡地方杂派，似难与居民一体供役。况自我朝定鼎以来，遵例进贡，僧等备办贡物、马匹三年一次，未敢延误，兼有招中茶马之役、补修寺院之责，以及每年正、四、六、十等月，普陀年斋，集僧诵经，祝延圣寿，香火斋粮，均所必需。此僧本分供应，并无杂派门差。至历来应办一切分内公事，俱经由本管僧主办理，原与乡地无涉。近被本处乡约在寺摊派马匹、料草、鸡羊、烟村、火夫等项杂差，时常一例科派同俗当差，实属难堪，只得备情哀恳。伏乞悯念边末孤贫喇嘛，皈衣（依）法门，各有分内供应，俯将地方一切杂派，晓示超免，庶无二差之苦，并请给示、遵守"等情。据此，查岷属各寺院喇嘛，历有轮流朝贡，纳马招中易茶之任，兼有四时普陀诵经香火，以及补修寺院等项，向无支应地方俗差之例。而该处乡地，不行体念佛门，混派杂差，骚扰僧人，殊属不合，今据前情，除详批示，并出示。严禁各路总小乡地人等，不许科派混扳地方一切杂差外，合行给票。为此，票仰东寺住持后一世松诺等，遵照票内事理，嗣后遇有该僧办理分内应供以及军需大差事件，应听檄饬本官番僧纲司督办。其地方一切拨运车辆，协助马匹、鸡羊、草束、烟材、火夫杂差等项，本州一概豁免。如有本处乡□再行混派杂差骚扰，许尔等指名具禀，以凭查究。该僧务须恪遵佛法，静守清规，亦不得□□滋事，自取咎戾，慎之毋违，须至票者。

右照给东寺住持后一世松诺等。准此。

乾隆三十八年三月廿九日（印章）

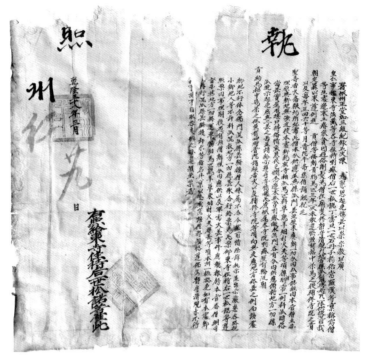

图三　清乾隆三十八年（1773年）执照

　　《清乾隆十二年合同》是大崇教寺僧人与附近民众关于土地地界划分问题的一份协议文书。《清乾隆三十八年执照》是岷州卫颁给大崇教寺住持后一世松诺等的一份执照。执照的文字结束处左下方印有"岷州卫印"的印章，可见此件文书为官方所颁发，属于红契的范围。执照的主要内容为大崇教寺住持后一世松诺和法藏寺的僧众等因不满地方乡绅摊派杂差，向岷州卫署提起的公诉，诉讼得到了地方政府的支持，执照则相当于岷州卫署的一份处理报告。这类契约在形式上属于诉讼文书。

　　执照的内容可以分为两个部分，上半部分是大崇教寺和法藏寺等各寺僧众提出公诉的原因，下半部分是岷州卫给出的处理意见。具体来看："岷属各寺院喇嘛，历有轮流朝贡，纳马招中易茶之任"，意思是说岷州寺院一直以来都有轮流朝贡和贸易往来的传统。朝贡的主要物品是马匹，从事的也主要是茶马贸易。朝贡，顾名思义，就是归附朝廷的各族对朝廷应尽的一项义务，以表示顺从和臣服。它始于明代藏传佛所奉行的"多封众建，因俗以治"的民族政策。朝廷也会对前去进贡的番僧、番人，提供多种便利和优待，由此催生了朝贡贸易的形成。在利益的驱使下，番僧也源源不断地去到中央进贡。因为京城和藏地两地相距遥远，奇货可居，僧人便可借进贡的机会进行两地贸易。所以在重重重利的驱使下，进贡的番僧不绝于途。而在这些进贡者中，"自乌斯藏来者不过三分之一，余皆洮、岷寺僧诡名冒贡"[1]。因为洮、岷之地是番僧进贡的必经之路，也是从此时开始岷州卫开始有大规模的僧人进京进贡。明朝史料中对此也有说明，成化八年（1472 年）六月，礼部上书言道："今年陕西洮、岷等卫所奏送各簇番人共四千二百有奇。除给予马直不计、凡赏彩段八千五百四十二表里，生捐八千五百二十余匹、钞二十九万八千余锭，滥费无已。"[2]每一次的进贡团队都是由六七个寺院的僧人组成，人数达三四十人之多。"万历四年正月（1576 年 2 月），陕西大崇教寺等七寺番僧札挂那节等三十五名进贡马匹、方物"[3]。可见，岷州贡僧的人数和僧人进贡的次数都是很多的。根据《明实录》和《岷州志》中记载的相关资料，粗略统计了一下明代岷州僧人的进贡情况，见表一。

表一　明代岷州僧人朝贡次数表　　　　　　单位：次／年

太宗	宣宗	英宗	代宗	英宗	宪宗	孝宗	武宗	世宗	穆宗	神宗	熹宗
2	28	19	7	26	12	5	1	1	6	4	4

从表一可以看出，岷州卫在明代僧人进贡的达 150 次之多。以宣宗和英宗时期进贡频率最高。另《明实录》中还有相关记载，如："宣德三年十二月，陕西岷州卫这多等族番僧头目丹卜监藏等一百三十六人来朝贡马。"[4]"宣德四年十二月，陕西岷州卫禅师沙加等九十一人来朝贡马"[5]。"嘉靖五年七月，撒藏等寺喇嘛禄竹速南等十五人来朝进贡"[6]。"天启五年十月，陕西法藏等六寺喇

[1]　《明史·西域二》，中华书局，1974年，第8543页。
[2]　西藏研究编辑部编：《明实录藏族史料》，西藏人民出版社，1982年，第703页。
[3]　西藏研究编辑部编：《明实录藏族史料》，西藏人民出版社，1982年，第1091页。
[4]　西藏研究编辑部编：《明实录藏族史料》，西藏人民出版社，1982年，第249页。
[5]　西藏研究编辑部编：《明实录藏族史料》，西藏人民出版社，1982年，第265页。
[6]　西藏研究编辑部编：《明实录藏族史料》，西藏人民出版社，1982年，第985页。

嘛速南略丹等二十九明各备马匹、方物赴京进贡"[1]。从这些记载中可以看出，岷州明代寺院中确实存在着一个数目庞大的僧侣集团。

清初伊始，岷州藏传佛教开始由盛转衰，但一些寺院从明朝时期就频繁进贡的现象这时依然存在，其具体情况是："洮、岷番人三百八十余族，今皆不与朝贡之列。惟番袭封国师后丹子达节所管招中寺院三十五处，内有二十四处，系康熙元年题准，分为四起轮贡。圆觉、大崇教、讲堂、撒藏、弘教、弘福六寺为第一起。法藏、朝定、藏经、裕隆、祝石崖六寺为第二起。鲁班、广德、广善、永安、羊卷、弘济、昭慈七寺为第三起。崇隆、宝定、永宁、赞林、些而多（西多）五寺为第四起。每三年贡一次，十二年一周，周而复始。赴京入贡者，每寺不过二人，卫拨伴送夫役不过一二名。其历来所贡方物，惟马与青木香二种。"[2]比对发现，这一记载与文书中所述"僧等备办贡物、马匹三年一次"是一致的。然而，与明朝时期的进贡次数和人数相比较，已是相当的少了。圆觉寺等二十四座寺院被分成四起，每起六座寺院。每三年有一起共六座寺院朝贡。四起寺院轮流朝贡，如此循环往复。

明清时期，寺院贡品的数量与其发展规模基本成正比。寺院频繁进贡由他们强大的人力、物力和财力作为支撑。寺院频繁的朝贡，所产生的直接后果是刺激了寺院经济的进一步膨胀，而贡僧所得的优厚回报，反过来又促使寺院增加了朝贡的频率。除此"朝贡"的义务之外，各寺院还兼有四时诵经、维持香火以及补修寺院等项责任，寺院开支庞大显而易见，如果再要应付地方的俗差杂役，无疑是一项很重的负担，也超出了寺院的能力之外。这就是文书中大崇教寺主们因无力承担地方的摊派而向岷州卫署提起公诉的最主要的原因。

此外，文书提到的另一寺院"法藏寺"，位于岷县西江乡哇住村，始建于元代，创始人为藏族头人特俊勒。明宣德二年（1427年）三月二十日，皇帝敕书进行过褒奖。因特俊勒勤于佛事，被宣德皇帝敕封为"佑善禅师"，并赐姓为丁。所以文书中的"后一世松诺"为大崇教寺住持，"丁云旦一世"应为特俊勒后人。世袭"丁"姓，自然世袭成为法藏寺的住持。可惜的是，清同治年间，法藏寺遭遇兵乱，大部分建筑被毁坏。后又受山洪袭击，

---

[1]　西藏研究编辑部编：《明实录藏族史料》，西藏人民出版社，1982年，第1250页。
[2]　甘肃省岷州志编撰委员会主编：《岷州志校注》，1988年，第135页。

前殿倒塌。多年来，时毁时修，现保存还较为完整，有时还会进行部分佛事活动。

另外，"应听檄饬本官番僧纲司督办"中提到的"僧纲司"，是明朝廷为加强对西北佛寺和僧人管理所设立的机构，在维护当地稳定、与中央王朝沟通事务方面起到了不可代替的作用，尤其在西北地区，"僧官、土官同出一门或一人身兼僧、俗两界要职，既是土官又是僧官，从而在一定程度上更有利于藏区的稳定和团结"[1]。洪武二十六年（1393年），设西宁僧纲司，以僧三剌为都纲。永乐五年（1407年），设甘肃左卫及庄浪卫纲司等。各地僧纲司隶属中央的僧纲司管辖，其职责是"主其教以绥来远人"，并检束僧人"务要恪守戒律，阐扬教法，如有违犯清规、不守戒律及自相争讼者，听从究治，有司不许干预"[2]。因此，各种宗教既能平行发展，相互制约，同时又都通过僧纲司接受朝廷的管辖，能为明朝奔走效力，起到"阴助王化"的作用。僧纲多由寺院的住持担任，大崇教寺的下院——圆觉寺当时就设有僧纲管理，辖寺院达35处之多[3]。《岷州志》第三卷中有这样的记载："国师后丹子达节，其先后录竹尖挫，系大智法王班丹扎释之后。明成化间，用征番有功，封宏济光教大国师。尖挫之后，数传至只即丹子，任本卫番僧纲司。……达节系丹子亲侄、首徒，三十二年承袭。管招中寺院三十五处，居茶埠峪，距城东北十五里"[4]，这其中的"寺院三十五处"就包括大崇教寺在内。岷州卫番僧纲司驻地在岷州城东北十五里之茶埠峪圆觉寺，圆觉寺原为大崇教寺附属寺院，后为方便管理僧众将僧纲司设立于此，明清以来沿袭未改。清康熙十四年（1675年）吴逆叛乱，圆觉寺主持后只即丹子"纠士兵恢复洮、岷有功"，被康熙帝封为"弘济光教大国师"并进行了勉励，赏赐了后只即丹子五顷官地并免于纳粮。圆觉寺所在的茶埠峪在明朝时期，是茶马交易活动集中的市场，贸易往来十分的兴盛。以茶易马，才有茶埠之名。从茶埠至岷州城的这一段，也被称为茶马古道的一部分。

---

[1] 武沐、王素英：《明代藏族僧官不属于土官考》，《中南民族大学学报》2014年第1期。

[2] 田澍、李清凌主编：《西北史研究》第三辑，天津古籍出版社，2005年，第20页。

[3] 邓慧君：《甘肃近代社会史》，甘肃人民出版社，2007年，第54页。

[4] 甘肃省岷县志编纂委员会办公室编：《岷州志校注》，1988年，第80页。

除圆觉寺外,康熙朝时还在法藏寺设立过藏传佛教的僧官。康熙十五年(1676年),礼部议准:"法藏寺僧丁桑节落旦,应为法藏寺番僧纲司,给与敕书……。"[1]康熙三十八年(1699年)"法藏寺番僧丁桑节落旦病故。前十五年,以军工议叙给与僧纲司。敕书原无承袭字样,今着缴送内阁,换给护敕,仍照例进贡"[2]。法藏寺僧的护敕被更换,但仍要求他们照旧进贡,可能已经停止了该寺僧官的承袭,因为自乾隆朝起的《钦定大清会典》及《钦定大清会典则(事)例》都再没有关于法藏寺"番僧纲司"的记载。

8.典约(1831年,24厘米×32厘米)

立典地土

文字人:路五子

因为使用不便,今将祖置地名芝芝路大嘴上地一段,约下籽九斗,并场棵(窠)圆(院)落出入到(道)路,央令中人路双姓说合,问到禄哈都包大宝成为业耕,对中言明,典价大钱肆串文整。当日钱地两交,自典之后,不分年深远近,有钱抽赎,无钱依旧耕种。恐后无凭,立此典约存用。

[道光十一年十一月十五日地主向钱主对中人復(付)大○乙千文]

[道光十二年十一月二十五日地主向钱主对中人復(付)大○二串叁佰]

[道光十三年拉(腊)月廿五日地主向钱主对中人復(付)大○壹串文]

[道光十五年十一月十四日地主向钱主对中人復(付)大○三串贰佰文]

[道光十九年三月初六日对中人胡其选、张李家成向钱主于地主復(付)去大○三串五百文整]

道光拾壹年八月十二日

(每年银粮二升二合)

中人:路双姓

---

[1] [清]伊桑阿等纂修:(康熙朝)《大清会典·吏部·主客司·朝贡二·西番各寺》卷七十三,载《近代中国史料丛刊》三编,第七十二辑,第720册,台湾文海出版社,1992年,第3749页。

[2] [清]允禄等监修:(雍正朝)《大清会典·吏部·主客司·朝贡二·西番各寺》卷一百五,载《近代中国史料丛刊》三编,第七十八辑,第744册,台湾文海出版社,1994年,第7043页。

立约人：路五子

代字人：包髦士

代书人：代刘娃□

9. 帖押（1835 年）

钦赐岷州世袭督贡掌印番僧纲司为给帖事。

案据间井古城寺众僧公举，该寺之僧常勒称达界，人品端方，通晓经典，众僧悦服，堪当头目等情列司。据此，除径详各宪外，合行给帖。为此，帖仰古城寺新头目常勒称达界，遵照帖内事理，约束僧人，各务正道，遵守佛规，不得妄为混行。倘有不遵者，指名具禀，以凭究处。尔亦毋得籍端滋事，干咎不贷，须至帖者。

右帖仰古城寺新头目常勒称达界。准此。

道光十五年十二月初九日

帖押

10. 卖约（1841 年，34.8 厘米×24.4 厘米，图四）

立永远吉卖路道

约契人：樊钱贵

因为使用不便，今将自己合老湾大地田为坟寅路道一条，樊三成自己央令中人包成生说合，问到本堡主人樊三成名下为买路道，同行兑中言明，买价大钱一千五百文正。当日钱路两交，并无欠少，自买之后，各方亲户人等争言者，地主一面承当，不干钱主至（之）事。恐后无凭，立此买约为用。

道光二十一年七月□日

中人：包成生

立卖约人：樊钱贵

代书：刘清

图四　清道光二十一年（1841年）卖约

11. 卖约（1843年，30厘米×46厘米）

立永远吉卖地土

文字人：俞俊成

因为使用不便，今将……（此处缺12字左右），其地四至：东至小路为界，南至麻石嘴为界，西至祁本业为界，北至李姓地为界，四至分明。各依旧界，俟请中人姜羊年成说合，情愿卖与本庄住人祁韩成名下业耕种，兑中地住（主），得受卖价大钱贰千一百六十文整，当日钱地两交无欠，除酒食在外，画字在正价之内。自卖之后，有俞姓房亲人等争言者，不管祁姓之事，有地住（主）俞俊成一面承当。恐后无凭，立此永远卖约存用。

永远大吉

道光二十三年正月二十日

中见人：姜羊年成（画押）

立卖约人：俞俊成

代书人：张文□笔资大□

12. 典契（1844 年，31.6 厘米 × 23.2 厘米，图五）

立典地土

文契人：刘藩神代

因为使用不便，今有自己祖遗地名上黑泉地一段下籽二斗伍升，央令中人樊吉唤问到本庄樊三成名下耕种，对中言明，典价大钱拾串伍百文。当交无欠。有钱抽赎，无钱常耕种。恐后无凭，立典约为证。

[道光二十五年正月二十四日为中人復（付）大钱一串文]

道光二十四年二月初十日

（每年银粮一升三合半）

中人：樊吉唤

立约人：刘藩神代

遇书人：田和悉

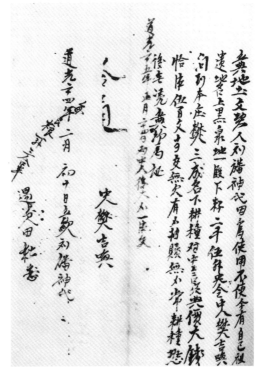

图五　清道光二十四年（1844 年）典契

13. 典约（1846年，31.6厘米×21.4厘米，图六）

立典地土

文字人：樊合家

因为使用不便，今将自己地土地名簸箕湾地一段下籽三斗，自己央令中人樊鸡换说合，问到本庄住人樊三成名下为典耕种，对中言明典价大钱陆串三百文整。当日钱地两交无欠，有钱抽赎，无钱依旧耕种。恐后无凭，立此典约存照。

[道光二十六年八月十五日付大钱六百文对中復（付）乞（讫）]

道光二十六年正月廿日

（每年银粮三合）

中人：樊鸡换

立约人：樊后家

遇书人：韩丰

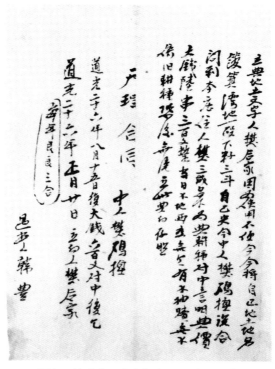

图六　清道光二十六年（1846年）典约

14. 典约（1847年，31.4厘米×22.9厘米，图七）

立典地土

文契人：樊换木代

因为使用不便，今将自己祖置地名为项口下官路地上半段下籽二斗五升，央令中人樊钱贵说合，问到本住人樊三成名下为典耕种。兑中言明，典价大钱壹拾叁串伍佰文正。当日钱地两交，并无欠少。自典之后，有钱抽赎，无钱依旧耕种。恐后无凭，立此典约存用。

[道光二十八年十一月廿七日復（付）大钱壹串文兑中付乞（讫）]

[咸丰元年十二月初三日合元中人復（付）大钱壹千七百五十文]

[咸丰叁年三月廿三日兑中人復（付）大钱式串文]

[咸丰六年十二月十八日对中人復（付）大钱壹串文整乞（讫）]

道光二十七年十一月十八日

中人：樊钱贵

典约人：樊换木代

代书人：刘清

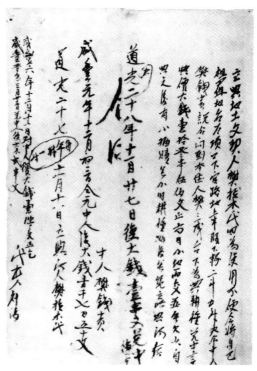

图七　清道光二十七年（1847年）典约

15. 文约（1849 年）

立永远归退地土约

文字人：刘高家代

因为使用不便，今将自己祖遗出社里地一段，下籽一斗五升，每年承粮一斗五升。其东至李姓地，南至大路，西至沈姓地，北至后姓地。四至分明，各有界限。央令中人曹五个说合，问到情愿，归于本庄后八见名下为业耕种。地主对中得受归价大钱柒仟伍佰文，当日钱地两交，并无欠少。此系两厢情愿，并无逼勒强致等情。自归之后，或有房亲户内诸色人等争言者，有刘姓一面承当，不干钱主之事。酒食在外，画字在价归价之内。恐后无凭，故立此永远归退地土约为据。

道光二十九年三月十七日

中见人：曹五个

立约人：刘高家代

代书人：金发魁

以上八件文书中，除《清道光十五年帖押》以外，其余七件的内容均为土地交易的契约文书。土地交易的内容以祖遗的土地为主，明确土地的位置、四至、土地的价格或是租金以及下种数量的多少，采用的是"有钱抽赎，无钱依旧耕种"的契约形式。这种土地的交易形式被称之为"活卖"或是"活典"，意思是说既可以回赎，又可以补价进一步卖出，这就势必产生一些补充性的契约。《大清律例》规定："卖产立有绝卖文契，并未注有找贴字样者，概不准贴赎。如契未载绝卖字样，或注定年限回赎者，并听回赎。若卖主无力回赎，许凭中公估找贴一次，另立绝卖契纸。若买主不愿找贴，听其别卖，归还原价。""其自乾隆十八年（1753 年）定例以前典卖契载不明之产，如在三十年以内，契无绝卖字样，听其照例分别找赎；若远在三十年之外，契内虽无绝卖字样，但未注明回赎者，即以绝产论，概不许找赎"[1]。回赎的是物的占有、使用、收益与处分权，即活卖回赎的是物的所有权。虽然活卖人与承买人双方

---

[1] [清]光绪《钦定大清会典事例》卷七百五十五《刑部户律田宅》。

之间并未真正转移所有权，但是，两者在买契中一般都有默示转移物的所有权的意思表示。

"帖"，是清代官府往来文书下行文的一种。正文一般由两部分组成，前部分叙述案情，后部分提出自己的处理意见。《清道光十五年帖押》是岷州僧纲司签发的关于间井古城寺新任掌管僧人常勒称达界的通告。首先列出文件责任者为"岷州世袭督贡掌印番僧纲司"。接下来再写事由部分。事由一般是用一句短语说明行文目的，略似现代的文件标题，程式作"为某事"，即明确新寺主的职责是遵照官府的法律条例，对僧人进行约束，使其遵守佛规，各务正道。结束语多为固定的套语，即"为此，……须至帖者"。

古城寺在间井镇哈古村北，古城内原有寺庙称古城寺，为藏传佛教寺院。据《清康熙五十一年合同》中记载有岷州大崇教寺住持后录扎达节、后奴卜登住与大喇嘛常郎爵巴立写的分归地土合同："因昔年始祖后法王，用价于宣德元年（1426 年）一约内，置买间井常住地名古城田地一分"及文约内另有"古卜田地壹分"可知自宣德元年起该块田地即为大崇教寺后法王家族所有。根据马欲飞、马尚清等当地学者的研究结果，他们认为古城寺与藏经寺起初为两座独立的寺院，康熙五十一年（1712 年）大喇嘛常郎爵巴做了藏经寺（又名吉祥宝塔寺）和拱卜寺（又称贡卜寺、古卜寺，即古城寺）住持后，为了躲避战乱，将吉祥寺移建古城寺内。此件文书中新推选出的管理者——常勒称达界应为常郎爵巴的后人。

在这一时期的契约内容中除上述关于土地交易的详细信息记录之外，还有陆续补充记录了契约签订之后延长期限内的付费情况。如《清道光十一年典约》共有五处陆续记载了从道光十一年十一月至道光十九年三月这八年之间地主向钱主对中人的付费记录，这部分费用被称为是"画字银"；《清道光二十七年十一月十八日典约》中补充记录了从道光二十八年十一月至咸丰六年十二月之间的买卖双方之间的在中人的监督下的付费记录。这类情况的出现说明契约签订之后延续的时间较长，而且买卖双方一直遵循着契约的约定履行各自的职责，更增加了契约的实效性。

16. 典约（1852 年，31 厘米×23.3 厘米，图八）

立典地土

文字人：樊跟祥

因为使用不便，今将自己祖遗地名场嘴后地一段下籽壹斗壹升，央令中人樊后家问到本堡主人樊三成名下典当耕种。兑（中）言明，典价大钱伍串文正。当日钱地两交，并无欠少。不分年深远近，有钱抽赎，无钱耕种。恐后无凭，立此典约存用。

[咸丰二年十二月三十日对中人復（付）大钱九百五十文]

[咸丰四年正月十九日地主对中人復（付）大钱八佰五十文]

咸丰二年正月廿九日

中人：樊后家

立约人：樊跟祥

代书：刘清

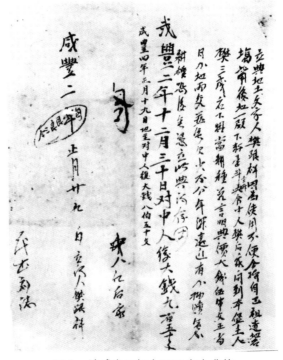

图八　清咸丰二年（1852 年）典约

17. 典约（1853 年，31 厘米×23.1 厘米，图九）

立典地土

文字人：樊常家代

因为使用不便，今将自己祖遗地名八猪湾里地壹段下籽式斗，自己央令中人李桃树保说合，问到本庄住人樊三成名下为典耕种。对中言明，典价大钱肆串文整，当日钱地两交，并无欠少。只典之后，有钱抽赎，无钱依旧耕种。恐后无凭，立此典约存用。

咸丰叁年十月廿日

（每年银粮壹升）

中人：李桃树保

立约人：樊常家代

代书人：白鹤林

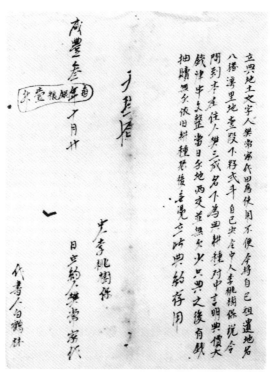

图九　清咸丰三年（1853 年）典约

18. 典约（1854 年，31 厘米×21.1 厘米，图一〇）

立典地土

文字人：樊常家代

因为使用不（便），今将自己祖置地名对巴子地一段，墙里墙外方圆下籽八升，自己央令中人樊虎年成说合，问到本庄住人樊三成名下为典耕种，兑中言明，典价大钱叁串文整。当日钱地两交，并无欠少，只典之后，有钱抽赎，无钱依旧耕种。恐后无凭，立此典约存用。

咸丰四年三月十一日

（每年银粮壹合）

中人：樊虎年成

立约人：樊常家代

代书人：白鹤林

图一〇　清咸丰四年（1854 年）典约

19. 文约（1856 年，27.5 厘米×44.5 厘米）

立永远归退山地土约

文字人：郑歹家

因为使用不便，今将自己祖遗□眼坪山地三段，下籽不计，自己央令中人张怀个往来说合，问到情愿□于后八儿名下为业耕种，当日地主兑中得受大钱六百文整。即日钱地两交无欠。其中并无逼勒强致等情。自归之后，或有房亲户内等争言者，有郑姓一面承当，不干后姓之事。恐后无凭，故立此永远归退山地土约为证。

咸丰六年十月二十九日

中人：张怀个

立约人：郑歹家

遇书人：俞发魁

20. 典约（1859年，30.1厘米×22.7厘米，图一一）

立典地土

文字人：樊跟祥

因为使用不便，今将自己祖遗地名房莘后地一段下籽一斗、门前头园子地一段下籽五升，央令中人樊四哥说合，问到本庄主人樊三成名下为典耕种。兑中言明，典价大钱拾壹串五百文整，当日钱地两交，并无欠少。自典之后，有钱抽赎，无钱一（依）旧耕种。恐后无凭，立此典约存用。

咸丰九年三月廿五日

（每年银粮五合）

中人：樊四哥

立约人：樊跟祥

代书人：白鹤林

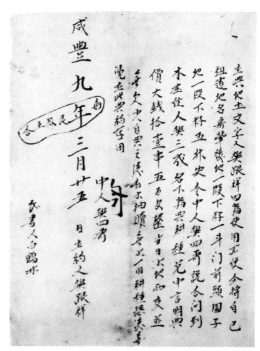

图一一　清咸丰九年（1859年）典约

21. **典约**（1861年，42.6厘米×30.5厘米，图一二）

立典地土

文字人：刘樊神

因为使用不便，今将自己祖遗地名胡动巷路上坟地一段下籽一斗八升、又代路上元（园）地一段下籽一斗二升，自己央令中人樊拉木代说合，问到本庄住人樊登科名下为典耕种，兑中言明，典价大钱共拾贰串五百文整。当日钱地两交，并无欠少。之（自）典之后，有钱抽赎，无钱遗（依）旧耕种。恐后无凭，立此典约为正（证）。

咸丰十一年二月初八日

（每年银粮一升五合）

中人：樊拉木代

立约人：刘樊神

代书人：白鹤林

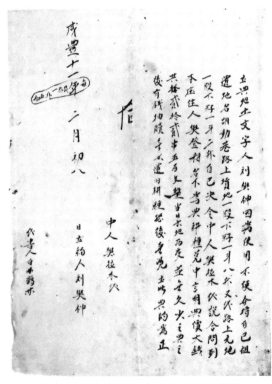

图一二　清咸丰十一年（1861年）典约

22. 典约（1862年，44厘米×31厘米，图一三）

立典地土

文字人：樊登科

因为使用不便，今将自己祖遗地名沟门前胡洞巷口路上地一段，下夏籽二斗二升，央令中人问到东寺常住郎罗汉名下为典耕种。对中言明，典价大钱壹拾串文整。当日银地两交，并无欠少。自典之后，有钱抽赎，无钱依旧耕种。恐后无凭，立此典约存用。

同治元年三月二十三日

（每年银粮一升二合半）

中人：白五存

立约人：樊登科

代书人：汤□□

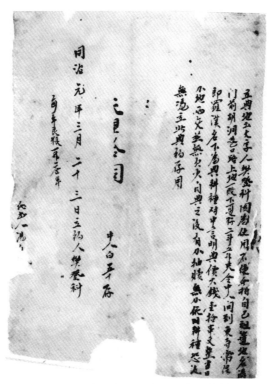

图一三　清同治元年（1862年）典约

23. 典约（1862年，31.5厘米×23厘米，图一四）

立典地土

文字人：刘永春

因为使用不便，今将自己祖遗地名园子壹段下籽五升、对八子地壹段下籽壹斗，央令中人张二娃说合，问到本庄主人樊登禾名下为种耕。对中言明，典价大钱三串式百五十文整。当日钱地两交，并无欠少，自典之后，有钱抽赎，无钱依旧耕种。恐后无凭，立此典约存用。

同治元年六月廿八日

（每年银粮七合）

中人：张二娃

立约人：刘永春

代书人：刘永春（清笔）

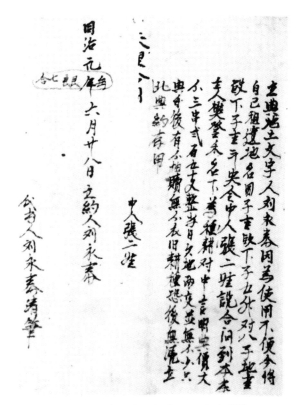

图一四　清同治元年（1862年）典约

24. 典约（1869 年，26 厘米 × 43 厘米）

　　立典地土

　　文字人：曹顺家

　　因使用不便，……（此处缺 12 字左右）杜里地一段，下籽三斗，每年承仓粮一斗伍升，央令中人俞下代说合，问到典与大堡子高仓库名下为业耕种，地主兑中得受典价大钱五仟文整，当日钱地两交，并无欠少。自典自（之）后，有钱抽赎约，无钱已（依）旧耕种。恐后无凭，立此典约为证。

　　同治捌年拾壹月拾二日

　　中人：俞下代

　　立约人：曹顺家

　　书约人：李□□

　　以上九件文书中，均为关于土地买卖交易、租佃的契约文书。交易土地的性质以"祖遗"的土地为主，契约全部为民间民众私人所立。文书中均明确了交易土地的名称、四至、土地的价格或租金以及下籽数量的多少，契约内容基本完整。采用的依然是"有钱抽赎，无钱依旧耕种"的活典契约形式。

　　《清咸丰二年契约》为咸丰二年正月廿九日所签立，但在合同的末尾又附加了两条内容："咸丰二年十二月三十日对中人付大钱九百五十文"和"咸丰四年正月十九日地主对中人付大钱八佰五十文"。意思是说在合同签立的年末和两年之后的咸丰四年，土地交易的双方又在中人的见证下交付了租金，补记在最初签订的合同上。这份补记的记录也说明了，这份合同所使用的年限，至少是从咸丰二年到咸丰四年达三年之久，契约的实效性延续时间较长。这种补充契约的形式在清道光时期就已存在，并一直延续至咸丰时期。

25. 文约（1887 年，33.7 厘米 × 34.8 厘米，图一五）

　　立除土退

　　文契人：雷赵氏、仝子点点娃

　　因先祖父置到滴叶里庄子一处，价钱叁拾式仟文整，卖明买完。今对中言明雷姓自愿将地土退于王金先为业耕种，将价于雷姓交足，不得短少。雷姓不得异如亲房别人异言，一面有雷姓耽（担）承，不于王姓相干，恐口无凭，立除土退为据。

　　光绪拾叁年八月初八日

　　立除土退文契人：雷赵氏 + 仝子点点娃

　　（日绞查出扛契约张一切无用）

　　中见人：巩照云

　　书约人：巩登魁

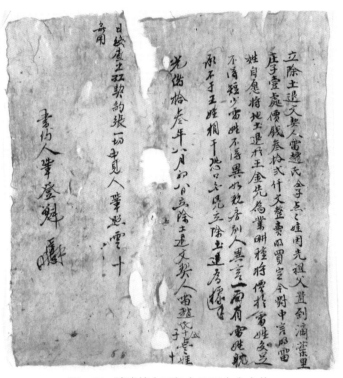

图一五　清光绪十三年（1887 年）文约

26. 文约（1892 年）

　　立写永远归退兑换地土

　　文字人：刘元永有

　　因为使用不便，今将自己祖河底下屯地壹段，下籽贰斗，承粮贰斗。

其地四至：东至祁姓地，南至刘姓地，西至后姓地，北至石头坡子为界。四至分明，各有交界。自己央令中人李庚戌说，问到情愿，换于本堡后刘保得名下为业耕种。立兑换之后，有房亲户内诸色人等争言者，刘元永有一面承当，不于后姓相干。画字在内，酒食在外。寔是二家情愿，并无逼宁行。恐后无凭，立此永远兑换文约为证。

兑换为证。

光绪拾八年贰月初三日

中见人：李庚戌

立约人：刘元永有

代书人：李志明（押）

27. 分单（1892 年）

立写分单

文字人：后门张氏

所生二子，长大成人，因为争让不合，分房合（各）坐，将田羊地产各样均分，□□执手一张分居。子（籽）下地一斗五升；河底下，下地二斗；出射地一斗五升；滩滩上，下地三斗；夕路上，地一斗五升。分上房土棚四间，西房三间，园子一所，西面长（场）半所，碌朱（磚）半所，靠西首草房地基二间，拔牛钱拾串文，大红桂（柜）一个，大甫（铺）桂（柜）一个，小纲（缸）一个，大覃（坛）子一个，门箱一个。恐后无凭，立此分单为据。

草梁平地卡二段，绪家地完下地一段，杨大碌八上地一段，碌知何谈（河滩）地一段，张家冯（坟）贪（滩）地一段，河底下坟茔脚底，许莹占地，不许后李家保争言吵让（嚷）。

光绪十八年三月三十日

（每年粮八斗一升）

分单人：后门张氏

对全（同）邻友人：李三爷

遇书人：李华

28. 合同（1892年，25厘米×40厘米）

立合同

字据人：后禄儿

因崇教寺达喇嘛后一世木郎物故，后嗣未继，无人顶补，其缺空悬，一切各公并佛事无人应理，央请绅耆王举人、老民李千长、亲眷郎四辈有等从中说合，情愿将户内后跟换暂行顶补，充当崇教寺达喇嘛一名管理佛事，以应公务。凡有本寺及一切各公，该纳巴后跟换面同商议，不得自专，若日后后禄儿生育后嗣，长大成人，不分年限远近，该纳巴后跟换以（依）旧让位顶补，不得擅行自传其嗣。自立凭据之后，如有后姓（禄儿）户内诸人异言者，不干后跟换之事，有后禄儿一面承揽。恐后人心不古，立此合同字据为凭，存照用。

光绪十八年四月二十六日

绅耆：王举人、龙跃天、樊崇德

老民：李千长

亲眷：郎四辈有

立合同字据人：后禄儿

书据人：王者瑞（我凭好心）

批准其暂行顶补，以应公事并佛事。此判。

29. 字据（1893年，26厘米×38.5厘米）

立字据人：后禄儿

因将本寺旧业上下康家磨及菜檐磨三盘被余卖于龙姓后，经代理达喇嘛后跟换出头干涉，将死作活，亦为有功佛家。今对邑绅王举人等，将上下康家磨以后准为佛门公业，由余后代管理，将菜檐磨准给后跟换管业，生为伊业，死后由伊后代僧人管理，不干公众之事，亦不准占位俗业，更不准出卖他人。至于本磨先典后卖之价，由后跟换负担交赎。恐后无凭，立此字据为证。

光绪十九年二月初一日

中人：王举人、樊崇德、李千长

立字据人：后禄儿

代书人：包文安

30. 文约（1895 年）

立写永远归退地土

文字人：张三呵婆

因为使用不便，今将自己祖遗河子上屯地壹段，下籽贰斗，每年承纳仓粮贰斗。地其四至：东至舟姓地为界，南至大路为界，西至余姓地为界，北至小路为界。四至分明，各有交界。自己央请中人杨玉贵说合，问到情愿永远归于本堡李吉祥代名下为业耕种，当日地主对中人得受归价大钱拾串文整。当日钱地两交，并无欠少。自立归约之后，有房亲户内诸色人等争言者，有地主一面承当，不于钱主之事。画字在内，酒食茶饭在外，实细（系）贰家情愿，其中并无逼宁行等情。恐后无凭，立此永远归约为证。

永远大吉

光绪贰拾一年闰五月拾壹日

中人：杨玉贵

立约人：张三呵婆

代书人：李志明（押）

31. 文约（1896 年）

立写归退庄科（窠）

文约人：后李家保

因为使用不便，今将自己祖遗为业坐北向西土棚四间半，戴瓦大门半间，东方庄子三间、院子半所，大门以外连庄并地，又有场半所，东方东至李姓为界、北至张姓场为界、西至本业为界、南至李姓巷头为界，庄粮二升，场粮一升。央请中人吴丁酉说合，问到胞弟新城情愿为业，卖价大钱九千文整，对中言明，当日钱地两交，并无欠少。恐后无凭，立此归退约为证。

退去地上老粮一升。

光绪二十二年十月初十日

中间人：吴丁酉

立约人：后李家保

书约人：贾公谔

32. 文约（1904 年，31.5 厘米×49 厘米）

立永远吉卖地土

文字人：路赵奎

因为使用不便，今将自己祖遗地名祖祖禄河沟底下地壹段，下籽贰斗五升；杨家坟地壹段，下籽五升；下吊地壹段，下籽壹斗；切刀把地壹段，下籽壹斗；扁坡地壹段，下籽三斗；场底下地壹段，下籽贰斗；大地壹段，下籽陆斗；筲麻地壹段，下籽壹斗五升；雨伞地壹段，下籽贰斗，共合大小地壹石玖斗五升。四至分明，各有地畔为界。又有庄窠壹所，场壹角，出入道路、牛路、草厂、生灰养敛，壹并在内，央请中人曾德成说合，问到情愿卖于后世禄名下为业，得受卖价大钱壹百串文整。当日钱地两交，并无欠少。酒食画字一并在内。自卖至（之）后，若有房亲户内人等争言者，不干钱主之事，有地主一面承当。恐后无凭，立此卖约为证。

永远大吉

光绪三十年九月初十日

（每年银粮共五升）

中人：曾德成 画字外陆佰文

立卖约人：路赵奎 画字外壹仟贰佰文 又

堂弟路雷娃 画字外壹仟贰佰文

代书人：路步云 画字外陆佰文

33. 卖契（1907 年，24 厘米×36 厘米）

立写吉卖山地土

立约人：沈跟云

因为使用不便，今将自己的祖遗，由路平里山地壹段，下籽贰斗，虽代的前坡里山地贰段，东至刘姓地为界，南至本业为界，西至后姓地为界，北至小路林姓地为界。四至分明，各有交界。央请中人沈本姓存说合，问到情愿，卖于三族里后心成明（名）下为业耕种，当日地主对中人得受卖家大钱壹仟三佰文整。当日钱约两交，并无欠少。自卖至（之）后，或有方（房）亲户内曾（争）言者，由地主壹面承当，不干钱主之事。恐后无凭，立此卖约为证。

光绪卅三年十二月十四日

中人：沈本姓存

立约人：沈跟云

遇书人：李焕春

34.字据（1907年，图一六）

立字据

崇教（寺）会长：后鉴堂、樊开第、曾贯一、陈仲魁，众僧：后旦巴、包跟底札什、吕罗汉等

因为寺中佛项钱粮暨一切诵经修斋各节乏人经理，是以临近会长与该寺众僧等公举寺主后有禄调停料理。嗣后，凡寺中钱粮等项以及佛事禅林，任纳巴一人经理，不许众僧阳奉阴违。此后若有精干之僧，只许纳巴会长公举经管（纳巴亦不许常行把持）。恐后无凭，立此合同字据为证。

大清光绪三十三年全月十七日

书字据人：贺炳奎

立字据会长：后鉴堂、包俊、樊开第、魏尚贤、曾贯一、路顺、谈惊筵、吕夺娃、董正官、陈仲魁、李殿义、吕成魁、舒龙甲

众僧：后旦巴、包跟底札什、吕跟底什磊、丁尕和尚、后札什连禄

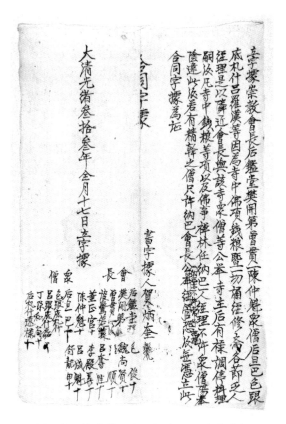

图一六　清光绪三十三年（1907 年）字据

35. 文约（1908 年）

立永远归退地土

文字人：沈哈哥

因为使用不便，今将自己祖遗有前坡山地二段，下籽不计。其地四至：东至下寨沟为界，南至张姓地为界，西至大路为界，北至本业为界。四至分明，各有交界。自己央令中人杨福玉说合，问到情愿，归于下寨里后星辰名下为业耕种，当日对中人得受大钱捌佰文整。即日钱地两交，并无欠少。自归之后，或有房亲户内人等争言，有地主一面承当，无有钱主相干。画字在内，酒食在外，寔是二家情愿，并无逼勒宁行。恐后无凭，立此归约为证。

光绪三十四年二月初六日

中人：杨福玉

立约人：沈哈哥

遇书人：李华（押）

　　以上所辑录为清光绪时期文书十一件，包括归退土地文书五件，典卖土地、水磨文书三件，寺院管理者的推选合同两件和分家文书一件。

　　其中《清光绪十八年合同》与《清光绪三十三年字据》的内容同为关于寺院管理者的推选。从这两件文书所记的内容发现，大崇教寺在关于寺院首领或是管理者的任免上采用的较为民主的推选方式。但是是真实的民主还是表面的民主呢？仔细研究就会发现其中所暗含的另一层意思。《清光绪十八年合同》中有这样一段话："若日后后禄儿生育后嗣，长大成人，不分年限远近，该纳巴后跟换以（依）旧让位顶补，不得擅行自传其嗣。"显然，"不得擅行自传"说明他们依旧遵循传统道德的规范。那他们的传统又是什么？显然是家族性传承，即父子相承、叔侄相承和师徒相承。大崇教寺在岷州地区的藏传佛教寺院中，一直秉承家族性传承这样的传统，寺院一直由后氏家族掌管延续。所以只能说是虽有民主，却始终传统。《清光绪三十三年字据》中具体涉及了寺庙管理人员的任命及其职权范围。文书的内容为我们提供了以下的信息：第一，参与立写字据的人员。参与者包括会长后鉴堂、包俊、樊开第、魏尚贤、曾贯一、路顺、谈惊筵、吕夺娃、董正官、陈仲魁、李殿义、吕成魁、舒龙甲13人，僧众后旦巴、包跟底札什、吕跟底什磊、丁尕和尚、后札什连禄5人，加在一起共18人。这是大崇教寺契约文书中涉及人员最多的一份。第二，立写字据的原因。因为"寺中佛项钱粮暨一切诵经修斋各节乏人经理"，公举出纳巴一人即寺主后有禄经理寺中钱粮等项一切事务。此处"纳巴"应为安多藏语或当地方言，和上文所述的"拿把"同义，其属于寺院的管理层人员，类似于管家之类，有大小等级之分，不仅有管理寺院之责，还有推选精干人才的权力。因此，文书中进一步明确了纳巴的职责，即"亦不许常行把持"，这也是为了防止纳巴一人权力过于集中而对寺院的管理和运行产生不利的影响。第三，寺院的管理制度。这份字据中列出的会长竟有13人之多，推测这是寺院成立的类似于管理委员会的机构。从寺院采取"公举"推选的形式来选拔人才，以及"会长"这个管理职务的设置可以看出，当时大崇教寺依然有正式的管理机构。而且，寺院的管理也较为集中和有序。

其实，在佛教产生之时，佛教事务管理和实施管理就已经形成了，只是表现的方式和方法不同。这种管理制度在安多地区寺院中普遍存在，因为每个寺院几乎就是一个经济实体，也反映出寺院经济与世俗经济的一致性。

五件归退土地文书实际上也是关于土地的买卖契约，契约内容完整，契约的形式也没有明显的变化，涉及的土地仍以祖遗土地为主。

《清光绪十九年字据》是一份关于石磨买卖的字据。字据开头的就指出"因将本寺旧业上下康家磨及菓檐磨三盘被余卖于龙姓后，经代理达喇嘛后跟换出头干涉，将死作活，亦为有功佛家"。"本寺旧业"显然是说水磨原来是属于大崇教寺的，但是因为某种原因卖给了龙姓的某人，但经过达喇嘛的中间协商，将原来"绝卖"改为了"活卖"，而且把这一行为视作是有功于佛教的功德。又经过邑绅王举人等，将上下康家磨以后作为佛门公业，由余后代管理。这也就是说原作为寺产的水磨被卖了之后成为私人财产，但几经流转之后又重新为寺院所属。而"将死作活"的做法也说明民间契约的随意性，不会严格按照所谓的律例的要求去执行。与此字据相同性质的还有《清光绪二十二年文约》和《清光绪三十四年文约》，它们同属归退文约的类型。虽然这两份文约的内容中并未具体言明原来的庄窠或土地属于何人所有，但"立写归退庄科（窠）文约人后李家保"和"立永远归退地土文字人沈哈哥"已明确指出其归退文约的性质。

《清光绪十八年分单》是一份后门张氏给两个儿子分家的记录。关于此件文书将在第五章中进行详述。

36. 典约（1909 年）

　　立合同典山地约

　　文字人：沈武成得

　　因为使用不便，今将自己祖遗有赵家沟三绽泉山地三段，下籽无数，央请中间人张有哥说合，问到二家情愿，其地四至不开，当日得受大钱壹仟伍佰文整，后刘保德为业耕种。即日钱地两交，并无欠少。有房亲户内诸色人等争言者，无于后姓相干，有沈姓一面承当。酒食在外，画字在内，不分年限近远，有钱抽卖，无钱执约耕种为业。恐后无凭，立典合同约为证。

宣统元年肆月拾壹日

中人：张有哥

立典约：沈武成德（得）

遇书人：李含英

37. 文约（1909 年）

立永远归地土

立约人：魏门曹氏同侄福全

因为曹氏身中有病，无钱所葬。今将自己祖业有下官地壹段，下籽壹斗，每年承纳仓粮□□（用墨涂去，笔者注）。其地四至：东至曹姓地为界，南至大路为界，西至张姓地为界，北至林姓地为界。四至分明，各有其界。自己央请中人郑沈家得说合，问到问于本堡郑福元名下，情愿为业耕种。地主对中人得受归退大钱玖串文整。当日钱地两交，并无欠少。归退之后，有人争言，有曹氏同侄福全一面承当，无有郑姓相干。画字在内，酒食在外。恐后无凭，立此归退文约为证。

宣统元年十壹月初一日

中人：郑沈家得

立归约人：魏门曹氏同侄福全

遇书人：曹成章（焕卿）

38. 卖契（1910 年，22.5 厘米 × 36.5 厘米）

立永远卖地土约

文字人：后父子二人庭选、李元

因为使用不便，今将自己祖业有夕路上屯地壹段，下籽壹斗贰升，其地四至：东至何姓地为界，南至大路为界，西至曹姓地为界，北至水河为界，四至分明，各有交界。央请中人井（景）子德往来合说（说合），问到情愿买（卖）于下寨堡住人后星辰名下为业耕种，地主兑中得受卖价大钱拾仟文整。当日钱地两交，并无欠少。自买（卖）之后，或有房亲户内诸色人等争言，有地主一面承当，无于钱主相干。除酒食在外，画字在家之内。恐后无凭，立此永远归退约为证。

　　宣统贰年全月廿六日

　　（每年仓粮九升）

　　中人：景子得

　　立约人：后庭选、后李元

　　遇书人：李锦堂

39. 卖契（1911 年）

　　立写永远吉卖地土

　　文字人：沈戊辰得

　　因为使用不便，今将自己祖遗山义泉山地，下籽无数。其地四至东至路为界，南至山坡为界，西至山坡为界，北至山坡。四至分明，各有交界。自己央令中人刘祥爸说合，问到情愿，买（卖）与后星辰名下为业耕种。当日地主兑中人得受买（卖）价大钱贰串五佰文整，当日钱地两交，并无欠少。自立买（卖）约之后，或有房亲户内诸色人等争言者，有地主一面承当，不与钱主之事。画字在内，除酒食茶饭在外，实细（系）贰家情愿，并无逼勒宁行。恐后无凭，故立此吉买（卖）文契为证。

　　吉买（卖）大吉

　　宣统三年肆月廿贰日

　　中人：刘祥爸

　　立买（卖）约人：沈戊辰得

　　书写：李志明（押）

40. 卖契（1911 年）

　　立写卖山地约

　　文字人：后廷选

因为使用不便，今将自己祖业前游路平（坪）壹段，下籽不计其数，
四至：东至本业为界，南至本业为界，西至路为界，北至路为界。四至分明，
各有交界。央请中人郎秋魁说合，问到情愿，卖于三族里后星辰名下为
业耕种，地主得受大钱贰千文整，当日钱地两交，并无欠少。自卖之后，
或有房亲户内诸色人等争言者，有地主一面承当，无于钱主相干。除酒
食在外，画字在价之内，立卖约文字。恐后无凭，故立此卖约为据。

宣统三年十一月

中人：郎秋魁

立卖约人：后廷选

遇书人：李锦堂（押）

本文书无错，修改无效。张

　　以上所辑录的为五件清朝末期的契约文书。契约均为民间所立的白契，文书
的内容依然为土地的典卖或是地界的划分。综合清朝末期，特别是咸丰年间以来
所立契约的内容对比可以明显看到的变化是地价的上涨，由之前几百文一跃成为
上千文。《清宣统二年卖契》中交易的地价竟高达上万文钱。地价上涨的原因，
有交易土地面积增大的可能。土地交易的数量在整体上大幅增加，和当时岷州地
区社会经济状况、清末的政治形式不无关系。究其原因，清朝末期，时局动荡，
清政府内忧外患，经济也极为萧条。整个清朝时期的陕、甘回民起义又造成了甘
肃许多地区社会经济的严重破坏，导致人口锐减。于是当地政府采取许多措施以
恢复经济发展，在移民垦荒时实行了一系列的优惠政策以吸引移民前来耕种。有
些迁徙至甘肃会宁、静宁、安定（今定西）等县，但这些地方生产生活的客观条
件本身就很恶劣，农民穷困潦倒，加之生态的脆弱，大量移民垦殖给当地的生态
环境带来了相当大的压力。迁徙移民虽有减免赋税的优惠政策，但西北贫瘠的土
地产量本身不高，如古浪县"三亩所产难养一人"，农民维持自身的生存是极为
艰难的。于是土地被频繁的交易，地价也随之水涨船高。

　　综合整理明清时期的文书发现，有一种特殊的现象，在这里特别说明一下。
那就是契约中大量出现了类似"除酒食在外，画字在价之内"的内容，如此相
似的表述在民国时期的大崇教寺文书中也大量存在。"画字"在民间契约中，

又称之为"画字银"，其是民间契约交易中给予契约参与人的一定数额的报酬，是正价之外的交易费用。无论白契还是红契，民间均给予契约参与人一定数额报酬，包括代书人、亲邻、中间（见）人等。据已有研究显示，清代河西民间"画字银"给付数额一般占交易额的 1% ～ 8%，民国时期占比较高 [1]。以下将明清和民国时期大崇教寺文书中涉及"画字银"的文书统计如表二。

表二　"画字银"情况统计表

序号	时间	交易事项	属性	画字银分担规则
1	清道光二十三年	典卖土地	白契	除酒食在外，画字在正价之内
2	清道光二十九年	归退土地	白契	酒食在外，画字在价归价之内
3	清光绪十八年	兑换土地	白契	画字在内，酒食在外
4	清光绪二十一年	归退土地	白契	画字在内，酒食茶饭在外
5	清光绪三十年	典卖土地	白契	酒食画字一并在内
6	清宣统元年	典卖土地	白契	酒食在外，画字在内
7	清宣统元年	归退土地	白契	画字在内，酒食在外
8	清宣统二年	典卖土地	白契	酒食在外，画字在价之内
9	清宣统三年	典卖土地	白契	画字在内，除酒食茶饭在外
10	清宣统三年	典卖土地	白契	酒食在外，画字在价之内
11	民国二十七年	典卖房屋	白契	酒食画字一并再（在）内
12	民国二十八年	典卖窠场	白契	酒食在内，画字在外
13	民国三十八年	典卖土地	白契	酒食画字币对同中费用应酬

从以上统计中可以看出，"画字银"分担方式多样，存在"酒食画字银在内""酒食画字银在外""酒食画字一并在内"等规则，体现出民间契约实践的独特性。"画字银"分配方式并没有一定的规律性，或是均等分配，或是以亲族中长辈所得数额高于晚辈，或是代书人所得数额略高，而中人所得略少。支付

---

[1] 罗将：《清代、民国河西契约文书所见"画字银"及其法律意义》，《原生态民族文化学刊》2022年第2期。

方式最常见为货币，其次是酒食、实物等。《清光绪三十年文约》中是大崇教寺明清文书较为特殊的一例，是将酒食画字一并在内的，文书也明确了具体的数额："中人：曾德成　画字外陆佰文；立卖约人：路赵奎　画字外壹仟贰佰文；又，堂弟路雷娃　画字外壹仟贰佰文；代书人：路步云　画字外陆佰文"，数额不等，显然不是均分，但代书人并非数额最高之人。

在民国时期的大崇教寺文书中，《民国二十七年卖约》中有"酒食画字一并在内"，并附有画字银的具体数额："中人：樊桃成　画字洋元弍角；立卖约人：舒二哥　画字洋元弍角；书约人　画字洋元弍角。"《民国二十八年卖约》中是"酒食在内，画字在外"，但是却也出现了画字银均等分配的情形："中人：张老三　画字伍角；立卖约人：后克圣　画字伍角、后克贤亲笔　画字伍角。"《民国三十八年卖契》中是："中间人：后克贤　画字币贰元四角、宋免有　画字币贰元四角、吕佐周　画字币贰元四角；立卖契据人：后克明　画字币柒元；书契人：曾文齐德　画字币柒元"，立卖契据人和中人的数额最高，其他人均等。

给付"画字银"作为一种民间契约交易俗例、习惯在清代、民国各地普遍出现，各地习惯不一，支付对象不一，称谓也不一。以上收集到的大崇教寺文书中，画字银均出现在白契当中，且均是房屋、田地等不动产交易。画字银的分配也因契约参与人身份、作用不同而有所差别。"画字银"的支付在民间契约交易中既有积极的也有消极的法律意义。通过参与饮酒食、获取画字银，在当事人以及参与人之间产生公示的法律效力。在传统契约交易中存在"绝卖""活卖"等多种交易方式，尤其是"活卖"，所以使得买卖行为具有极其不确定性。交易行情的变化使得当事人不断加价，不断签订契约文书，而契约参与人也不断索取画字银等正价之外的费用，在增加了交易不确定性的同时也加重了双方当事人的负担。

民国时期及中华人民共和国成立后大崇教寺文书释读

现所收集整理的岷县大崇教寺文书中,绝大部分为民国时期所立。从契约文书的内容来看,民国时期的典契与清代的典契没有根本性差异。清代契约文书中的典物四至、中人、典期、典价、权利担保、回赎条款、签押条款等,在民国时期和中华人民共和国成立后的典契中都能一一找到对应,两者在结构上几乎完全一样,甚至典契的用语都未发生大的变化。

第一节　民国时期的大崇教寺文书

1. 字据（1917年，图一七）

　　立字据人：曾曾奎等

　　因为私开崇教寺神山地界，大小纳巴大众等情实难已，倾刻成讯[1]。幸有汤四九、后世禄二人从中往来说合，现年土业已种，就越至秋后田禾收毕，再不复犁耕种，情愿照古通行，各依旧界丢抛，永远不许开展。恐人失信，立此字据为证。

　　民国陆年三月廿二日

　　中间人：汤四九、后世禄

　　立字据人：曾曾奎、曾虎奎、曾有奎、曾家许成、后四奎

　　书人：包静荟

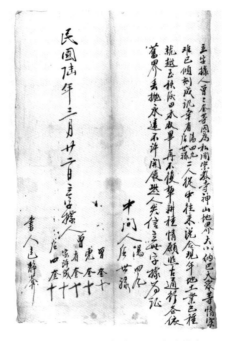

图一七　民国六年（1917年）字据

---

[1] 訊，基本释义为多言。根据民国六年其他文书的录文中推测，此字应为"讼"。

2. 字据（1917 年）

立字据人：王出庄有、汤朝奎、后老三等

因为私开崇教寺神山地界，大小纳巴僧众等情实难已，倾刻成讼。幸有汤四九、后世禄二人从中说合，现年地土业已种，就越至秋后，原照旧界丢抛，不许复犁耕种，永远不许开展。恐人失信，立此字据为证。

民国六年三月廿二日

中间人：汤四九、后世禄

立字据人：王出庄有、汤朝奎、后老三

书人：包静荍

以上两件文书内容简单清晰，是不同的立字据人在相同的中间人——汤四九、后世禄的说合下所立的字据。立约的原因同为个人私自开垦大崇教寺的土地与寺内的僧众发生了纠纷，在中间人的协调下，双方达成协议。协议的结果是双方在秋后收割完毕已种的庄稼后，要依照原来旧的地界，不许再继续耕种私开的土地。

在这里需要注意的是，上述两件文书立契的共同原因都是因为私自开垦原属于大崇教寺的土地而与寺院管理人发生纠纷。这里就产生了两种状况：一是村民开垦的是属于大崇教寺田产的土地。又或许村民所开垦的土地本是山上荒地，但是由于受到宗教信仰层面上的影响，这些土地就被赋予了神圣的色彩。寺院与村民纠纷的理由也借由神灵降罪，恐遭不测这样的影响来实现。因为在藏传佛教中是存在山神崇拜的。从前文大崇教寺概述中可知，寺院所在地位于岷县萨子山麓，寺院之所以选址建于山麓是寺院建造千百年一直遵循的习惯，或许有出于对山神的崇拜有护佑之信仰存在的原因。但不管是对寺院僧人还是对普通的村民来说，山神都是神圣而不可侵犯的，而对于山神居住地界的私自开垦显然是对山神的冒犯。以下民国九年三件文书立契的原因也是如此。据王树民《陇游日记》中的记载，在岷县酒店子村西北有一所黑池龙王庙，修葺整齐，住持曾谓："龙神极灵验，东南二山之松约三千余株，大可合围，均属于龙神者，不准罚卖，违则将山洪为灾云。"[1] 显然，修建庙宇的目的意在依赖神道设教来

---

[1] 王树民：《陇游日记》，《甘肃文史资料选辑》第28辑，甘肃人民出版社，1988年，第136页。

维护山林的安危。同样的，寺院寺僧把"累遭不祥"这样的结果仅仅归结于对荒山的开垦而侵犯了山神，当然是宗教信仰的影响使然，但从人的自身角度去衡量的话，这也只是为了维护寺产利益的一个借口罢了。

3. 典约（1920 年，图一八）

　　立跟（更）换新典约人：后正堂

　　因为使用不便，今将自己马厂街下头水磨一轮，央请中人张老三来往说合，情愿典于吕尕三名下为业看守，兑中言明，典价白银伍拾两大钱壹佰伍拾串文正，当日银磨两交，并无欠少。自典之后，不分年限，银到磨回。恐后无凭，立此典约为据。

　　[民国十一年二月十三日对人樊维屏復（付）大钱伍拾串文[1]]

　　中华民国九年正月十七日

　　（每年磨照清油三斤）

　　中人：张老三

　　立换新典约人：后正堂

　　书人：包永贞

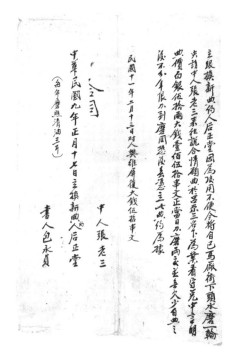

图一八　民国九年（1920 年）典约

---

[1]　此行文字应为民国十一年所补记，是对所立合同的一个补充说明。

4.字据（1920年，图一九）

立字据人：张潘家代、张老三、包四哥

因为开崇教寺神山地界，累遭不祥，纳巴大众合会首于本年十月初六日商议已定，所有新开地界一应丢抛，不准复犁。张老三、张潘家代、包四哥三人谨遵旧规，将前寺窟窿哈大坡此处地界，对同乡约宋永福当时丢抛，永不复犁，日后若有返（反）悔，与崇教寺自认罚布施银贰拾两正。恐后无凭，立此字据为证。再有王出庄有所开河包山地方亦遵众阻，再不复犁，情愿丢抛，垂具于后。

民国九年十二月初三日

中间人乡约：宋永福

立字据人：张潘家代、张老三、包四哥、王出庄有

书人：包静庵

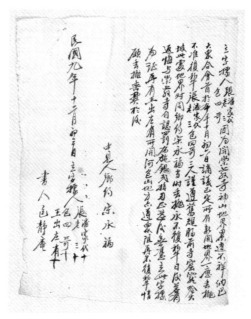

图一九　民国九年（1920年）字据

5.字据（1920年）

立字据人：宋菱哥、舒安太、汤海朝

因为开河包山前寺窟窿地界，对同乡约宋永福，当时丢抛，永不复

犁，日后若有返（反）悔，自愿于崇教寺罚布施银贰拾两正，恐后人心不古，立此字据为证。

民国九年十二月初三日

中间人乡约：宋永福

立字据人：宋菱哥、舒安太、汤海朝

书人：包永贞

6. 字据（1920 年，图二〇）

立字据人：后牛年成、后老三

因为新开崇教寺神山地界累遭不祥，纳巴大众合四乡会首于本年十月初六日商议已定，即有新开地方一应丢抛，不准复犁耕种。后老三、后牛年成二人谨遵旧制，所开地界哈大坡河包山前寺窟窿，此处地界对同乡约宋永福，丢抛已定，日后永不复犁，若有返（反）悔，于崇教寺自认罚布施银贰拾两。恐后无凭，立此字据为证。

民国九年十二月初三日

中见人乡约：宋永福

中见人：后世禄

立字据人：后牛年成、后老三

书人：包静庵

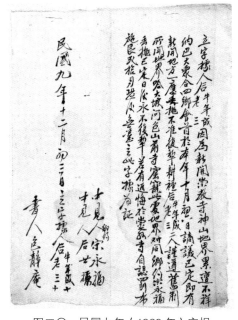

图二〇　民国九年（1920 年）字据

　　上文所辑录的后三件文书类型相同，立契的原因、内容和民国六年所立的两件文书相类似，都是因为个人私自开垦大崇教寺的土地而遭遇不祥，在乡约宋永福的见证下，一律放弃耕种。此三件文书所立的日期同为"民国九年十二月初三日"，有共同的中间人"乡约宋永福"。在此处，出现了"乡约"一词，《岷州志》卷六中对此有详细的记载："择人民辐凑城乡、市镇适中之地，就庙寺庵观之最宽敞者，立为约所。中奉上谕牌，置木铎于案上，设香案于前，设钟鼓于堂之东西。举约长一人、副约一人、约讲二人，以年高有行、明礼知文者为之。每月朔望，官吏、绅矜、耆老、民人等，以辰巳为期，并赴约所。官吏列左，绅矜、耆老列右行，三跪九叩。礼毕，长官、教官佐领武职西向；官举人、贡监、廪长东向。各以次列坐，其余并坐后，环立静听。执役者设讲案，约正诣香案前跪领铎，与约副分立讲案之东西，约讲次于正副之下，左击鼓右鸣钟，约正铎。约讲宣哗。上论一十六条，每一条已击钟三下，少间，振铎。如前始及次条讲毕。约正秉铎仍诣香案前，跪置于案。官与绅士耆老民人等，以此而散。"[1] 按《岷州志》所载，"乡约"是一种乡民为制定某一制度或是条约而进行的一项仪式。在这里可引申出两层含义：一是指乡规民约，适用于本地本乡的规约；二是指奉官命在乡里中管事的人，负责传达政令、调解纠纷等。在这三件文书中所提到"中间人乡约宋永福"应该就相当于"约正"或是"约长"这样的角色。

　　后三件文书中立契双方所约定的内容同为："于崇教寺自认罚布施银贰拾两正"。之所以约定用这样的惩罚方式，可从所立契约所言寺院的土地是"神山地界"和私自开垦的后果为"遭遇不祥"中得到答案。这些私自开垦寺院土地的民众应为大崇教寺附近居民，或者是大崇教寺的属民。正是在他们的意识中这些寺院的土地财产是具有神圣性的，所以才会把遭遇的不祥归结为对这种神圣性的侵犯，同时也是为维护寺院自身利益所采取的一种措施。所以，他们把"与崇教寺自认罚布施银贰拾两正"来作为对寺院的补偿，也是对僧或佛的赎罪，以达到心理上的解脱和安慰。

　　第一件《民国九年典约》是一件更换新典约的合同文书，典卖的物品为水

[1]　[清]汪元绂、田而穟纂修：《岷州志》卷六《典礼·乡约》，张羽心主编：《中国西藏及甘青川滇藏区方志汇编》第26册，学苑出版社，2003年。

磨一轮。双方约定了典价和典期。很明显，这是一份活典，因为在合同内容中已经明确说明"自典之后，不分年限，银到磨回"。并且在时隔两年之后，对于合同的内容又增加了补充说明："民国十一年二月十三日对人樊维屏复（付）大钱伍拾串文。"

7. 字据（1921 年，图二一）

立字据人：后四奎

因为开犁崇教寺后山地界，纳巴大众阻挡，后四奎谨遵众命，自己央请胞兄后世禄从中说合，情愿于崇教寺永远照旧界丢抛，永不复开。日后若再复开，对中当面言明，罚白银二十两以为供佛之费，恐后无凭，立此字据为证。

民国十年二月十五日

中间说合人：后世禄

立字据人：后四奎

书人：包静庵

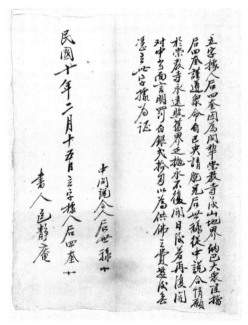

图二一　民国十年（1921 年）字据

　　此件文书的内容和以上民国九年所立的文书在内容和形式上都属于同一类型。不同的是对于违反约定的惩罚是"罚白银二十两"，用途仍为"供佛之费"。

　　以上民国六年到十年所立的契约文书，均为民间所立，契文内容都比较完整，格式上基本相同，包括立契人姓名、立约原因、土地名称及位置、立约时间、立契中保人姓名等。契约的后半部分则是为了防止以后纠纷而写下的约定内容和惩罚措施，强调契约是根据当事者双方意愿、符合双方利益的基础上而立。《清会典》载："凡典买田宅不税契者，笞五十，仍追契内田宅价钱一半人官。"[1]意思是说，白契也是一种具有法律效用的契约，所以才会在民间大量被使用。白契的大量存在，也说明出典人与典权人之间有一种不受官方制约的倾向。按《清会典》载："凡民间活契典当田房，一概免其纳税"，"如系典契，务于契内注明回赎字样"[2]，所以，典契并不经官府，完全由民间自行协议，但一般都注明了"回赎字样"。但上述大崇教寺相关契约文书中，多数并未标明如此条款。因为这些契约合同大多数是民间民众自行签订，更多的是根据乡规民约以及民众自我认可的道德价值规范而形成，是一种自我认同的具有同等的法律效力的契约。较之清末时期的契约文书发现，民国初年这一时期所签立的契约内容上主要是关于土地的所有权问题，其中并未直接涉及土地之间的买卖交易，也没有形成租佃和买卖的行为。

　　8. 赊约（1929年）

　　　立写赊约

　　　文字人：后存合

　　　因为使用不便，今向到后五俉名下赊得洋元五块，对保言明又赊麦九升，月至九月内交还。恐后无凭，立此赊约存用。

　　　民国十八年四月廿七日

　　　保人：张高僧

　　　立赊人：后存合

　　　书约人：包容

---

[1]　《大清会典·光绪》卷七百五十五。
[2]　《大清会典·光绪》卷七百五十五。

9. 合同（1932 年）

　　立典房子人：舒二哥

　　因为使用不便，今想（向）到后名下洋元一十六块、典东方（房）、三间、园子半所、门窗大门一旦在内，献与（现于）十年□后名下为业看守，立此典约为证。

　　民国廿一年正月十九日

　　中人：包哈得

　　立约人：舒二哥

　　代书人：路遵义

10. 典约（1932 年）

　　立典地土

　　文字人：后克圣

　　因为使用不足，今将自己祖遗地名门前野地下半段下籽式斗，其地四至不明，若明界畔，自己央请中人说合，向到情愿典于北李云线名下为业，得受典价大洋肆拾块整，对中人言明，当日元地两交，并无欠少。自典之后，有洋元抽约，无洋元常年为业。恐后无凭，典约存用。

　　民国二十一年古二月初三日

　　中人：包□□

　　立约人：后克圣

　　书人：王如漠

11. 清单（1932 年，40 厘米×27 厘米，图二二）

　　二十一年二月十八日　收张义毛地价洋元伍拾元

　　二月廿日 收包顺魁地价肆拾元

　　□□年三月初一日 收后杰三地价壹百伍拾元

　　十九年正月□日 赊陈大动洋元陆拾元

　　二十一年六月十一日 收后高僧粮价壹拾捌元

　　二十三年二月初三日 收常管僧粮价肆拾元

二十三年二月初十日　收来老母牛价洋价壹拾弍元

二十一年二月廿五日　出上省的词讼杂费洋元共壹百肆拾捌元（一行二人　来往三月）又一驴

九月十日过付陈大动手　出叶科长扯（车）马费弍拾元　又跟差二人大洋拾元　又杂费洋壹拾壹元（四人共住三日）

全月初一日　后十月手　出鲁委员大洋一百弍拾元　来往三月费用洋捌元

九月十六日　出投界城子　二人来往伍□　费用洋弍拾元

二十二年正月十日　付王原差　出宋执照大洋叁元　又杂费洋壹元

出后杰三　利洋弍拾元

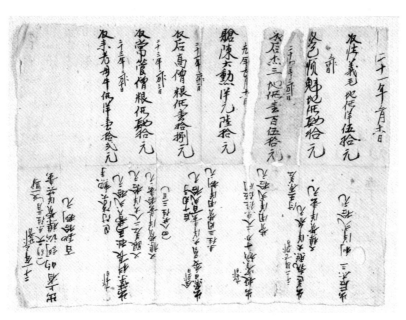

图二二　民国二十一年（1932年）清单

12. 赊约（1933年）

立赊约文字人：梅福魁

因为使用不足，今向到后克正名下赊得洋元拾块林（零）五角。当日兑保言明，月至九月乙（以）内交还，若过日期照例行息。恐后无凭，立此赊约存用。

民国廿二年五月初四日

立约人：梅福魁

保人：常义魁

以上所辑录的民国十八年至民国二十二年文书共五件。第 8 号与第 12 号均为"赊约"，类似于今天所说的"借据"。其性质上同为借贷契约，是为直接借钱而立的借据。所借的有钱有粮，但双方并没有约定利息。第 9 号与第 10 号为买卖契约，买卖的对象分别是房产和田地，都是卖于他人为业，依然采用的是可以赎回的活典形式。

较为特殊的是第 11 号文书，原文书并无标题，但从其内容上来看应为一份清单，或为账簿的一部分。此件文书内容分为支出和收入两个部分，两部分文字采用的是字体横排对立的方式排列，以示区别收、支两个部分。收入的部分包括收粮、收钱和收牲畜等，支出的部分包括诉讼费、车马费、出差费、出牲口、杂费等，车马、出差住宿等费用与今天我们的差旅费相类似，出现在民国时期的契约中，显得十分有意思。

与民国十年之前的契约文书相比较可以发现，这一时期的契约文书中，最明显的变化是流通货币的名称，从之前的银元变成了洋元，但二者并无实质的区别。事实上，洋元这一货币形式在民国时期已流通了较长的一段时间，从整个民国时期的大崇教寺文书来看，至少在民国三十八年之前，洋元一直在普遍使用中。

13. 公讼文约（1934 年，图二三）

公禀人：哈那坪众包文魁、侯镜清、杨作栋、漆现龙

年各不一，距住哈那坪距城六十里，被俗诉僧斋楚难贡事，窃召崇教寺后纳巴不去是何情由，藉势力不纳我车村之公款，而反我路民治（置）卖土地，承认土民之公款。然且民国成立分区立村以来，民一村之公款土民有三队民虚七户，土民未承毫厘。故起得陇望蜀任呈禀王来成马厂乡乡长，民地之款摊派不开，至今不动，停止未给，然而如何是可，我众民等只得呈禀。

本乡乡长巨　协通

马厂乡乡长 乔

释纷诉处以辨土队而全公款施行

民国二十三年三月□日

公禀人：包文魁、侯镜清、杨作栋、漆现龙、王定国、漆成肃、漆

三成、漆锦堂、石哈儿、白丑娃、何鸣成、王来成等

被禀崇教寺后纳巴

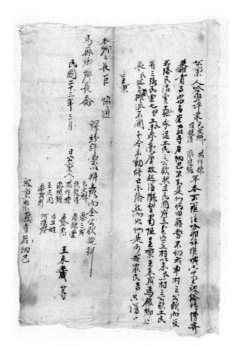

图二三　民国二十三年（1934年）公讼文约

此件文书是哈那坪乡民包文魁、侯镜清、杨作栋等向乡长提出的诉讼文书。原因是大崇教寺后纳巴"藉势力不纳我车村之公款，而反我路民治卖土地，承认土民之公款"。所以，对于"民地之款摊派不开，至今停止未给"不知"如何是可"，所以向乡长提出诉讼。从村民的诉讼原因中可见寺院僧人似乎很是强势，居然可凭借势力的优势不交纳公款，还禁止村民置卖土地。寺院所依靠的这种"势力"是本身所拥有的经济实力，还是政治上的倚靠，不得而知。但相比较当时整个岷州地区来看，大崇教寺的经济实力也不算十分雄厚，但凭借着

后氏家族多年来在岷州地区累积起来的家族势力，后纳巴的骄纵似乎就有源可查了。对于"民地之款摊派不开"的状况，民众恰需要依靠寺院所应交纳的这部分公款，但在面对这种强势时显得有点无能为力，只得向政府提起诉讼。

　　另，文书中"成立分区立村以来"的"分区立村"始于民国十六年（1927年），当时岷县全县被划分为四区一镇。东路为第一区，南路为第二区，北路为第三区，西路为第四区，在县城设岷阳镇，区、镇下设村。但到了民国二十二年（1933年）就撤销了区级建置，划全县为九乡一镇[1]。"马厂乡乡长"即是一个乡的领导者。"哈那坪"应属于北路第三区内。

14. 借约（1935年，图二四）

　　立借约人：王把世

　　因为使用不便，今向到后纳巴名下借大洋伍元伍角，兑保言明月至每年三分行息，恐人失信，立此借约存用。

　　民国二十四年古三月初十日

　　保人：樊晓春

　　立约人：王把世

　　书人：汤允中

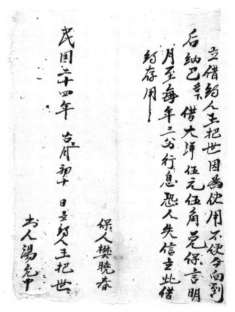

图二四　民国二十四年（1935年）借约

---

[1]　中共岷县县委宣传部主编：《人文岷州——岷县行政建置简史》，甘肃人民出版社，2008年。

15. 赊约（1935 年）

立赊约文字人：吕顺奎

因为使用不足，今向赊到后名下赊得银元四块半整，当日对中言明，月至九月内中交还，月过日去照利行息。恐后无凭，立此赊约为证。

民国二十四年六月初一日

中人：郝三元

立约人：吕顺奎

代书人清笔

16. 赊约（1935 年，图二五）

立赊约文字人：郝三元

因为使用不便，今向到后五高僧名下赊去洋元两块整，对保言明月至九月内交还，若过日去，每元承纳麦粮二升，恐后无凭，立此赊约为证。

民国二十四年六月初三日

立约人：郝三元

保人：丁干娃

书人：包容

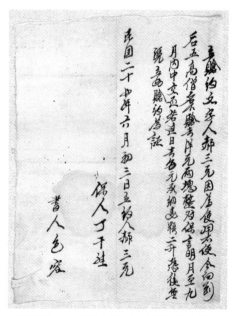

图二五　民国二十四年（1935 年）赊约

17. 分单（1935 年）

　　立分单人：后八哥

　　因为兄弟不和，情愿分房另居，将所有之田土照各均分，其架婆地上方地三斗、林布地三斗半、下方地三斗、湾上地二斗半、祥哈场上半段另立分单。以后各管各业，不许争论，恐后无凭，立此分单为据。

　　兑父母所分

　　民国二十四年古全月初十日

　　立分单人：后八哥

　　书人：后克冬

　　民国二十四年所立的前三件文书在契约形式上是相一致的，同为借款契约，内容是个人在资金使用上的不足向后姓高僧、纳巴赊取钱款，属于典型的借贷契约形式。文书中对于所借贷款的数额和还款的日期都有明确的约定。和民国初年的契约文书相比较最大的变化是，对于违背契约方所承担的后果不再是向寺院布施钱粮，而是要规定收取一定数量利息，交付利息的形式不仅是"每元承纳麦粮二升"这样的实物形式，还有"每年三分行息"这样的货币形式。这种利息的收取成为寺院僧人的另一种收入形式。第四件文书为分家文书，后八哥与兄弟之间不和，将父母所有的产业均分，立分单为凭。

18. 赊约（1936 年，图二六）

　　立赊约人：吕三娃

　　今到后高僧名下赊去禾豆八升，保言明约至冬月内交还，恐后无凭，立此赊约为证。

　　民国廿五年三月廿日

　　保人：常登顺

　　立约人：前名

　　书约人：包怀璋

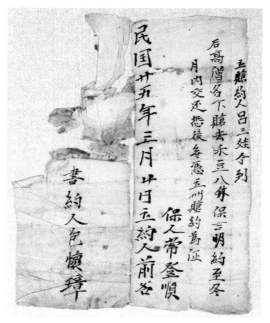

图二六　民国二十五年（1936 年）赊约

19. 字据（1936 年，图二七）

立写字据人：汤尖牛、汤三哥、汤四哥、汤五哥

因与后克圣与事成诵（讼），对老民众不忍坐视，调停解和，言定所守佛二庄窠地土一并丢抛，不许耕种，二家情愿了西（息），恐后失心，立此字据可政（证）。

民国二十五年古十一月初十日

立字据人：汤尖牛、汤三哥、汤四哥、汤五哥

老民：陈寿山、樊晓春（押）、谈永林、丁成顺、后铭旦、曾二元、樊举百

代书：曾达九（押）

20. 字据（1938 年，图二八）

立写字据人：马厂里众种佛地户

因为粮给不到，今在崇教寺寺主后克正名下，将粮欠至八月秋后以（一）并交清。至今若召人清粮夺地，要是寺主之言条，若有别人清粮

占地，众佛地户以（一）同商议或种或丢。与寺主会合，再等众地户同口出粮，千万不用抽条。若尽退后无人清粮占地，再有硬等不扶，众地户罚大洋壹百贰拾元，罚在龙王之庙所用，恐人失信，立此字据为正（证）。

民国贰拾柒年古正月卅日

书人：宋光祖（众画押）

立字据人前名：舒保云、吕来顺、后老三、王来存、王夕坟德、石三娃、曾免云、吕干郎

种佛地户：宋免有、宋文元、汤海生、张文彩、雷随代、陆老三、宋生元、后德林、包元寿、汤允中、汤万荣、舒福胜德、王巴什、王玉查、汤海转、宋海寿、袁天赐禄、袁天赐成、王大柱、王丙存

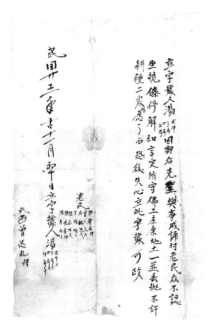 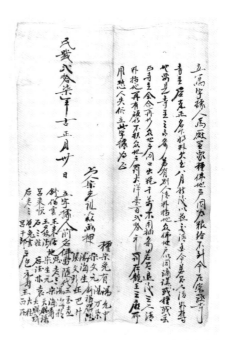

图二七　民国二十五年（1936 年）字据　　　图二八　民国二十七年（1938 年）字据

21. 赊约（1938 年）

立赊约人：包福海

因为使用不便，今向到后克正名下赊得大洋元伍块整。当日对保言明，承纳麦籽壹斗，月至九月内交还，若过总月相算。恐后无凭，立此

赊约为证。

民国二十七年三月初二日

承还元人：白森云

立约人：前名

书约人：常贵荣

22. 赊约（1938年）

立赊约人：文德

因为使用不足，今向到后克发名下赊得大洋元拾元正。当日对中言明，每月每元利钱论五分，总月相算。□领上地一段（段）下籽式斗作为当头，恐后无凭，此赊约为正（证）。

民国二十七年古四月卅日

中人：后少巴

立约人：前名

代书人：曾述孔

23. 卖约（1938年，图二九）

永远大吉

立卖永远房屋

文字人：舒二哥

因为使用不便，今将自己祖遗房屋坐东向西房子三间、大门一并在内，自己央请中人樊桃成来往说合，问到情愿卖于庆永昌名下住坐，得授卖价洋元廿拾式块整。对中言明，当日元房两交，并无欠少。若有房亲内户争言者，不于元主之事，只有房主一面承揽。酒食画字一并再（在）内，恐后无凭，立此卖约为据。杏树一棵一并在内。

民国二十七年五月初十

中人：樊桃成　画字洋元式角

立卖约人：舒二哥　画字洋元式角

书约人　画字洋元式角（押）

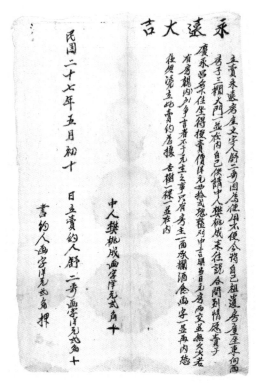

图二九　民国二十七年（1938 年）卖约

以上民国二十五年到民国二十七年所立的文书，契约形式上没有太大的变化，涉及内容为货币和实物的借贷，仍没有直接涉及土地的交易。契约内容的变化在于对于赊欠的对象不仅局限于货币，而是有了禾豆这样的实物，利息的收取也延续了下来。僧人的私人借贷是分对象的，这样做是为了满足不同需要的人们。所以有了钱币的借贷，也有出借实物，最常见的是粮食，如禾豆之类。借贷钱币的人可能是有一定经济基础的僧人或是商人，是为了从事商业贸易活动而为；而借贷粮食多为普通的民众，是为了获得种子或是下一季收成之前的生活必需品。

这其中，《民国二十七年古正月卅日字据》的文书内容信息最为丰富，以下作详细的说明。

第一，"马厂里众种佛地户"。马厂，显然为地名。在清代岷州文人贺炳奎诗作岷州《大崇教寺八景》之四《马厂晓钟》中这样描述："马厂清流环寺东，老僧入寺候晨钟。法坛影静盘训鸽，梵宇声高绕洞龙。"马厂恰是位于东寺南麓之山底。毫无疑问，马厂里的土地为大崇教寺寺产，这些土地由当地的民众代为耕种，称为"种佛地户"或"香火户"。这些民众一般没有属于自己的土地或是只拥有数量很少的土地。民众耕种寺院土地，就要向寺院交纳一定数额的粮食或是租金。若以大崇教寺在明朝时期的兴盛程度来看，拥有大量的土地和财产是毋庸置疑的，积累起来的财富数量也是相当可观的。所以会有大量的土地和房产可以出租给民众来使用。随着清朝末期寺院的衰败，农田在此时多数也已被分给僧人个人，可自耕自种，也可租佃给农户以收取租金来维持开支。根据文书内容中所述"在崇教寺寺主后克正名下，将粮欠至八月秋后以（一）并交清"，可知这些土地此时仍为大崇教寺寺院所有。王树民在《陇游日记》中叙述，在路过此地时，所见此时寺中"僧人数十，寺产甚富"。更在村中亲见岷县梅川前山办公处的告示一纸，略言："据后纳巴、白管僧、会首无人某某等面称，该寺僧人不遵纳巴之言，私自偷卖并典佛家产业，或夺他人就种之地。此中情形，殊属非史，应严行查禁"[1]等语。此告示之内容和此件文书内容相类似，说明当时偷卖土地的情形确实存在。

第二，"崇教寺寺主后克正"。这是所见民国时期的文书中第一次明确大崇教寺寺主其人，显然后氏在此时依然延续传承着大崇教寺寺主之职。

第三，和以上文书所涉及的赊贷契约相比较，"罚大洋壹百贰拾元"看起来对于违背契约所要承担的惩罚明显是加重了。对于这种现象出现的原因将在下文中加以说明。

第四，"罚在龙王之庙所用"。这一表述的意思是，对于违背契约惩罚的钱财是为龙王庙所用而不是寺院所用。众所周知，龙王庙在农村是最常见的建筑之一，对于龙王的信仰是一种典型的民间信仰，在我国民间存在的时间也最为久远。岷县龙王庙众多，这或是山洪凶猛频繁所致。实际上，由于岷州所处汉藏文化的交叉地带，大崇教寺也逐渐演变成兼弘汉藏佛教的寺院，再加上自古以来就有的民间信仰，岷州的藏传佛教和当地的民间信仰便一直是共存的。而在此时藏传佛教已衰落的几乎没有什么明显的特征了，当然成就的就是其他的宗教和民间信仰。

---

[1]　王树民：《陇游日记》，《甘肃文史资料选辑》第28辑，甘肃人民出版社，1988年，第137页。

24. 卖约（1939年，图三〇）

永远大吉

立永远吉卖庄窠场落

文字人：后克圣

因为使用不便，今将自己祖业庄窠院落一所、场半所、出入道路一并在内，自己央（请）中人张老三说合，问到情愿卖于胞兄后克发名下为业，得受兑中言明作卖价大洋陆拾伍元整，元业两交并无欠少，酒食在内，画字在外。自卖之后若有人等争言，不于钱主之事，只有业主承担。恐后无凭，立此永远卖约为据。

民国二十八年古正月廿日

（每年银粮八合）

中人：张老三　画字银伍角

立卖约人：后克贤　画字银伍角、后克圣亲笔（后克圣印、押）画字银伍角

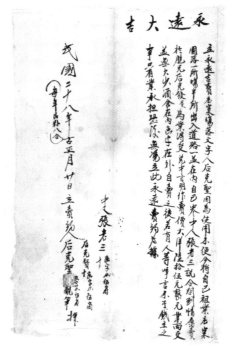

图三〇　民国二十八年（1939年）卖约

25. 合同（1939 年）

天理合同

立典地

文约人：后克贤

因为使用不便，今将自己祖业地名后家房跨里地大小两段共下籽壹斗伍升，自己央请中人说合，向到情愿于莫存元名下为业，典价大洋陆拾肆元整，当日兑，元地两交并无欠少，自典之后元到地回。恐后无凭，立此典约为证。

民国二十八年古正月二十七日

（每年银粮壹升三合）

中人：包世荣

立约人：后克贤

书约人：后子文

26. 典约（1939 年，图三一）

天理合同

立典更换新约人：后克贤

因为使用不便，今将自己祖业地名庄窠地上下两段共下籽叁斗。自己央请中人说合，向到情愿于包品三名下为业，典价大洋壹佰肆拾元整。当日兑中，元地两交并无欠少，自典之后元到地回。恐后无凭，立此典约为证。

民国廿八年古正月二十七日

（每年银粮三升）

中人：李玉祥

立约人：后克贤

书约人：后子文

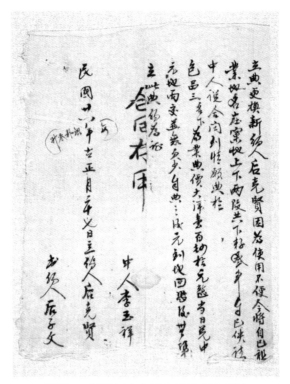

图三一　民国二十八年（1939年）典约

27. 典约（1939年）

合同典约

立典更换新约人：后克贤

因为使用不便，今将自己祖业地名庄窠地上下两段，共下籽叁斗伍升，自己央请中人李玉祥说合，向到情愿典于□沙里民人包世荣名下为业，得受典价大洋捌拾柒元柒角。当日兑中言明，元业两交并无欠少，自典之后有元抽赎，无元耕种。恐后无凭，立此合同典约为据。

民国二十八年古正月二十七日

（每年银粮壹升五合）

中人：李玉祥

立约人：后克贤

书约人：后子文

28. **典约**（1939 年）

立换新典约人：后克发

因为使用不便，今将自己祖业庄窠壹所场半，自己央中人曾来寿来往说合，向到情愿典于李得受名下为业看守，兑中言明作典价大洋贰拾贰元整。当日元业两交，并无欠少，自典之后，元到地回。恐后无凭，立此典约为证。

民国二十八年古二月初一日

（每年银粮八合）

中人：曾来寿

立约人：后克发

书人：后克圣

29. **典约**（1939 年，图三二）

典卖执照

立典水磨人：后克圣

因为使用不便，今将自己祖遗磨名下康家磨三日三夜，自己央请中人包怀瑾来往说合，情愿典于茶古滩杨维桢名下为业看守，兑中言明作典价大洋陆拾元整。当日元业两交并无欠少，自典之后元到磨回，恐后无凭，立此典约为据。

民国贰拾捌年古四月初十日

（每年承办灯油七两）

中人：包怀瑾

立典约人：后克圣

书约人：包子贞

30. **典约**（1939 年，图三三）

典约合同

立典磨房：后克明

因为使用不便，今将自己祖遗磨名下康家磨壹座，看守日子每月十日十夜，磨内所用物品以（一）并在内。自己央请人来往说合，问到二家情愿典于杨家湾吕跟顺名下为业看守，兑中言明典价大洋贰百壹拾块整。当日元磨两交并无欠少，自典之后三年限期满，元磨回。恐后无凭，立此典约为据。

民国二十八年古九月二十八日

中人：后二纳巴

立典约人：后克明

书约人：包容

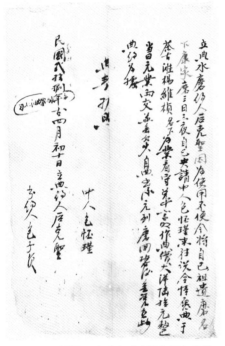

图三二　民国二十八年（1939年）典约

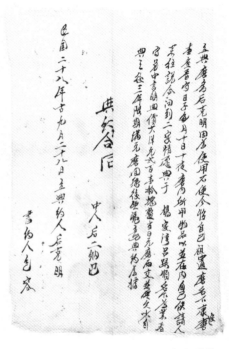

图三三　民国二十八年（1939年）典约

31. 借约（1940年）

立借约人：包哈凤元

因为费用不足，今在后庆永昌名下借去大洋拾元，兑保言明，有门前园子式□，作为当头，每年三分行息。恐后无凭，立此借约存用。

民国廿九年古三月十五日

中人：包安林

立借约人：前名

书人：光先

　　以上是民国二十八年所立的文书七件、民国二十九年契约一件，契约形式上属于买卖契，契约内容发生显著的变化之处在于，正式涉及土地、场地以及水磨等生产资料的交易。对于土地的交易不仅仅是单纯土地的买卖和租佃，而是在播种完以后进行的交易，这在一定程度上提高了土地的价格，也是交易金额变大的主要原因之一。在文书的开头大多会标注有"合同典约""典约合同""典卖执照"等称谓，可以明显看出契约的所属类型，也就是说，此时所立契约的形式渐趋完整和正式。文书所涉及的主要内容为后姓众人因为使用上的问题，将祖遗的田地、水磨出租或典卖的契约。除上述契约中所涉及的立契约文书人姓名、立约原因、土地房屋来源、名称位置、地点、土地数量、卖方或租方姓名、立约保证、立约时间、立契人中保人姓名以外，这七件文书中还明确指出了所交易土地、水磨的来源。除此之外，在交易价格、租期、银钱交付方式上也有了很明确的约定。对于租金的交付方式采取的是"当日元业两交，并无欠少"的一次性交付形式，并不是预付也不是后付。这是民间契约文书越来越完善、规范的过程，之后时期的契约文书也大都沿用这种形式。

　　土地的典卖和租佃在以上所辑录的契约中已有很多的记录，在这七件文书中，出现了另一典卖租佃物——水磨。《岷州志》卷十一《风俗·岁时》中这样记载："水磨则跨水渠盖房一间，于阁板之中置磨盘二，下置磨轮一，贯之以轴，与下盘相连。当渠水动，水势激轮，轮与下盘旋转如飞。昼夜不息。居民以菜子作油，则就油房房主所获，每石一升。有可为蒸榨之费。碾粮食者，就水磨磨主所获，每斗一升，碾一石可得一斗，碾菜子者亦如之若。小东路屯民多从播鼓等山伐取柏木，就水磨碾为末，制饼如镜大，每数饼为一串，为临兰造香者所必须。每串可得二百文以资日用。"[1] 这一记载说明了水磨的形制和主要作用，其不仅是当地居民重要的生产生活用具，也可以为人们带来一些

---

[1]　[清]汪元絅、田而穟纂修：《岷州志》卷十一《风俗·岁时》，张羽心主编：《中国西藏及甘青川滇藏区方志汇编》第26册，学苑出版社，2003年。

经济收入。使用这种以水为动力的机器，显然要受地理条件的限制，但岷县因地邻洮河，地下水源丰富，岷县人自古利用水动力来转磨，解决村民的生活问题。《岷州志》卷八对岷州水磨数量有详细记载："岷州水磨，分川水、山水、天水三则。川水磨一千三十三轮……；山水磨一百一轮……；天水磨二十轮，……"[1] 三种水磨共计有 1154 轮。寺院道观一般都有自用的水井和水磨，现在岷县城内还遗存有明清时期的古井 10 多眼。据王树民先生在岷县回、藏居住区的占扎录村调查发现，全村共有水磨 13 盘，均私有，一日可磨粮石许，租磨者每日纳费四角。对于文书中所记被出租的水磨，或为寺院分给僧人的财产被继承下来。这一点可在下文的《一九五零年古三月十八日字据》文书内容中得到证实。同时这些水磨的出租也成为寺院收入的来源之一。租户租佃这样的设施，其代价是交纳所磨面粉或是钱币。此件文书中关于水磨的租佃，约定交纳的就是大洋。

除此之外，以上所签订的契约还出现了新的内容，即双方约定的内容上还出现了"每年银粮壹升三合""每年银粮三升""每年承办灯油七两"等这样的约定条款。根据《民国三十五年古正月廿一日合同》文书以及后期文书中出现的类似这样的条款来看，这是为了表明当年应该缴纳的政府规定的赋税。每年用于交纳赋税为钱粮，这很容易理解；对于要交纳的灯油，则是岷县地区另一个重要的生产生活资料，灯油一般为清油，除了用于一般的照明以外，还要用于磨坊的正常运转。

对于文书中所涉及的后姓众人身份的鉴别上，除了在《民国二十七年古正月卅日字据》文书中明确的"崇教寺寺主后克正"外，其余后姓众人，如后克明、后克发、后克贤等可在《民国三十七年元月十八日字据》《民国三十七年二月初十日分单》《民国三十八年古四月二十九日卖契》等文书中得到初步的确认，他们或为大崇教寺僧人或是僧人的后人。

另外，在《民国廿五年古十一月初十日字据》《民国二十八年古正月廿日卖约》《民国廿八年古正月二十七日典约》等六件文书都出现了"庄窠"一词。"庄窠"是地方方言，意思是院落。《民国二十八年古正月廿日卖约》文书"庄

---

[1] ［清］汪元絧、田而穟纂修：《岷州志》卷十一《田赋上·厅属杂税》，张羽心主编：《中国西藏及甘青川滇藏区方志汇编》第26册，学苑出版社，2003年。

窠院落一所场半"中就是准确的表述。此外，在《民国二十七年古正月卅日字据》《民国三十五年古正月廿一日合同》《民国三十六年古二月廿一日典约》等五件文书中的"马厂"（马厂里、马厂街）和《民国三十六年古历三月初七日典约》《民国三十七年元月十八日字据》等九件文书中的所提到的"康家山"同为大崇教寺寺产分布的区域。因为在这些地名之前几乎都带有"祖遗僧业"这样的称谓，这些地区也就构成了大崇教寺寺产的重要组成部分。这些地名频繁出现在文书之中也说明了这些作为大崇教寺寺产的祖遗僧业，因为不同的原因被多次进行典卖、租佃，于是才会出现"立典更换新约"这种契约的形式，其实只是立契人发生了改变，但交易的土地仍属同一块。这从另一个侧面反映了，当时同一块土地并存多种所有权，并不是对等平分的，从总体上看，个人对土地的支配权利较大。同时，同一块土地上多种所有权的结合并不稳固，常常处于变化的状态之中，说明土地可以在一定条件和范围内进行相对的自由买卖，从而具有某种相对的运动性。

32. 典约（1941 年，图三四）

立典地土

文字人：汤海生

因为使用不便，今将自己祖遗业名（下）河滩里水地一段下籽叁斗，自己央请中人说合，向二家情愿典于后蔡家代名下为业，得守典价大洋式百元文整。当日元业两交，并无欠少，自典之后，有元抽约，无元长年耕种。恐后无凭，立此典约为证。

（欠麦粮叁斗）

民国三十年古二月廿四日

（每年银粮叁升）

中人：王海中

立约人：前名

代书：包疏广

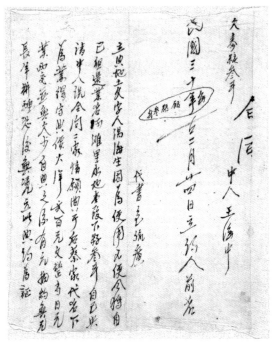

图三四　民国三十年（1941 年）典约

33. 合同（1941 年，图三五）

立以地对茔

字据人：汤允中

因迁葬故父爱下穴场系属崇教寺之佛业，央请中人王新玉等向经理寺僧后维桢处说合，众僧均各应允情愿明安治立大地中让茔一座身，即以庙台上地一段（段）下籽二斗交于该寺管业作为对营，至于钱粮照旧各自负担，自对以后永远不得翻（反）悔。恐后无凭，立此对契付后维桢批以为据。

民国卅年古九月廿八日

中人：王新玉、史陆鱼

立对契人：汤允中（汤允中章）

书契人：包子璘（押）

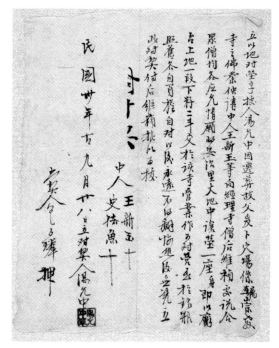

图三五　民国三十年（1941 年）合同

　　以上民国三十年所立的文书中第一件是较为常见的普通的土地租让合同，依然延续的是播种之后连同土地一起出让。第二件和以上所述的契约文书有所不同，在文书的开头就指明了此件字据的内容是"以地对茔"，立字据人汤允中因为祖坟所占之地为大崇教寺所有，双方所采取的协调方法是汤允中在经理寺僧后维桢和众僧应允下以个人私有的田地播种庄稼以后作为对等的条件予以置换祖坟所占的大崇教寺土地。所以，此件字据和以上所述契约中以货币或实物直接支付为条件的形式有所区别，在契约的形式上可归入置换契的范畴。在双方认可利益均等的基础上形成的土地与其他财产的置换，这也是民间契约中采用较多的一种形式。

　　此件字据的另一个变化在于在契约的末尾立契人和书契人都附有押记，自此以后的契约中更多的以这种形式出现。文书末尾除了签全名、画押还有按压手印和盖私章等形式。所有这些方式都是符合证据的客观观念的做法，是为了证明参与立契约人的真实性，更是为了证明契约的真实性和有效性。

34. 典约（1942年，图三六）

立典水磨

文字人：后六伯

因为使用不便，今将自己祖遗地名马厂街下头水磨壹轮，所典水磨半轮，自己央请中人曾自新来往说和，问到情愿典于李文安名下为业看守。水磨半轮得受典价国币洋叁百陆拾元正。当日元磨两交，并无欠少。自典之后，不分年限远近，有元抽约，无元看守。恐后无凭，立此典约可证。

本典本租只因元主不便，仅租磨主每年承小麦青禾弍斗

中华民国三十一年古正月二十八日

中人：曾自新

立约人：后六伯

遇书人：唐子年

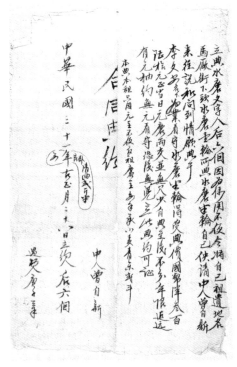

图三六　民国三十一年（1942年）典约

35. 典约（1942 年，图三七）

立典地土

文约人：樊义忠

因为使用不便，今将自己祖遗地名陈家泉地壹段下籽壹斗叁升，自己央请中人包保林来往说合，向到二家愿意典于后名下为业，得受典价大洋陆拾元整、小麦青禾叁斗。当日元地两交，并无欠少，自典之后，有元抽约，无洋当业耕种。恐后无凭，立此典约为证。

民国三十一年古二月二十三日

中人：包保林

立约人：樊义忠

代书人：包晋了

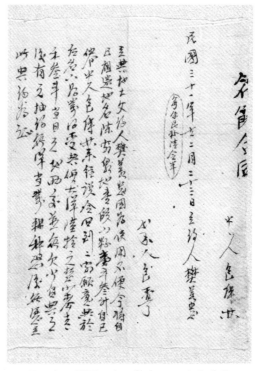

图三七　民国三十一年（1942 年）典约

36. 合同（1942 年，图三八）

立兑契人：后克明

因为住居不便，今将自己西面老房三间、阁房一间，央请中人常贵荣等来往说合，情愿兑与胞兄后克发名下永远为业住坐，将后院楼房两间兑与后克明为业住坐。两家情通意顺，永无反悔。恐后无凭，立此兑契为据。

民国三十一年九月十五日

中人：常贵荣、后维平

立兑契人：后克明

书人：包永贞

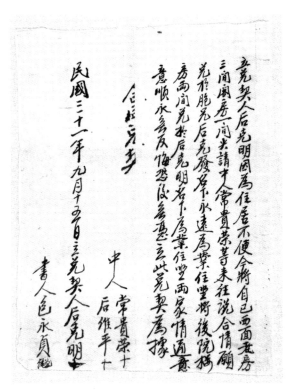

图三八　民国三十一年（1942 年）合同

民国三十一年的这三件文书，涉及的内容分属不同的对象，包括水磨、土地和房产三个方面。前两件合同中所涉及的水磨、房产是非永久性的租佃，因为有"有元抽赎"的约定。而第三件"合同兑契"中很明显的注明"永远为业住坐"，属于绝卖契的范畴之内。这里的"兑契"和现代意义上所说的"兑契"在实质上有所不同。从合同的内容上来看，两家实为是将房子相互交换居住，而非买卖。

37. 赊约（1943 年）

立赊约人：汤侯荣

因为使用不便，今将自己祖遗地名下河滩水地一段下籽壹斗，央请中人来往说合，向到赊与后克发名下，麦禾贰斗。恐后无凭，立此赊约为证。

民国三十二年五月十五日

中人：王杰三

立赊约人：前名

书人：包文贤

38. 赊约（1943 年）

立赊约人：后克明

因为使用不便，今向到后保青名下赊得大洋元叁百三拾元文整，当日对保言明，月至卅三年二月内中交还。若过日期，瞎山门地一段下子（籽）二斗作为当头。恐后无凭，立此赊为证。

民国叁拾贰年古六月廿四日

中人：后维彦

立约人：后克明

遇书人：金蕴西

以上两件文书同为赊贷契，第一件赊约为赊贷麦禾，其中并未约定还粮的日期，也没有对于违反赊约所承担的后果做出约定，属于比较自由的一种民间契约形式，其缺点是形式不规范，当然所具有的法律效力也较低。相比较而言，第二件赊约则更为具体完整，赊贷内容为洋元，双方不仅约定了具体的还款日期，而且对于过期未还款的惩罚不再是像之前契约中所要求的需要承担以货币计算的利息，而是以"下子（籽）二斗作为当头"，这可以当作是支付利息的另一种表现形式。

39. 清单（1944 年，图三九）

　　清单

　　陈元太和典价大洋一千三　地弍斗

　　陈善人典价大洋弍千　地弍斗伍升

　　陈保林典价大洋一千四　地弍斗

　　陈其义典价大洋二千三　地弍斗

　　后杰三典价大洋四千伍佰　地叁斗

　　李荣三典价大洋一千九　地叁斗

　　后杰三典地叁斗

　　共典地壹石七斗伍升

　　共地价大洋壹万三千七角

　　三十三年二月初五日

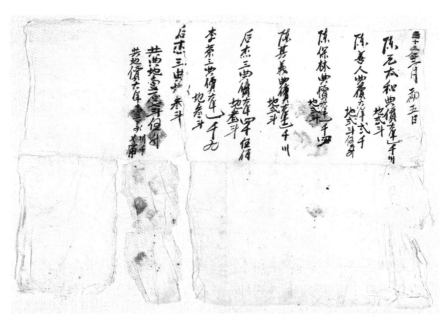

图三九　民国三十三年（1944 年）清单

40. 字据（1944 年）

　　立写字据人：后克发、汤允中

　　因为产修水磨下渠以袁宋二姓巷明口下流壹丈陆尺为界，央请邻友人等从中说合，若有泥砂淤塞交界，上下二八两月期间，各负各责，再有以外汤姓若有过期挖渠，以防后姓磨意，有（由）汤姓照日赔偿，每日耦禾禾麦式升伍合正。以后二家若有返（反）悔生端，各罚大洋伍百元正（整），交与本保中心保校二校费用。恐后无凭，立此字据为证。

　　中华民国三十三年古七月二十七日

　　立字据人：后克发、汤允中（押）

　　邻友：王玉喜、包启祀、樊宝庵

　　书人：包世琮

　　《民国三十三年清单》和《民国二十一年清单》有类似之处，但此件清单是对民国三十三年二月初五日一次性典地的记录凭证，内容并未涉及其他生产生活资料等杂项。

　　后一件《民国三十三年字据》是后克发、汤允中两家关于地界的划分，对于违约之后的惩罚是"各罚大洋伍百元正（整）"，相比较而言惩罚是比较严重的。这样约定的目的显然是为了强化契约的严肃性和实效性。

41. 合同（1946 年，图四〇）

　　天理合同

　　立典地土

　　文约人：包杰亭

　　因为使用不便，今将自己祖遗地名下河包山地一段约下籽壹斗，自己央请中人来往说合，问到二家情愿出典于马厂街后克发名下为业，得授作典价国币大洋壹万叁仟元整，当日对中言明，元业两交，并无欠少。自典之后有元抽赎，无元耕种。恐后无凭，立此典约为据。

　　民国叁拾伍年古正月廿一日

　　（每年银粮照田赋完纳）

　　中人：包四狗

　　立典约人：包杰亭

　　书约人：包文辉

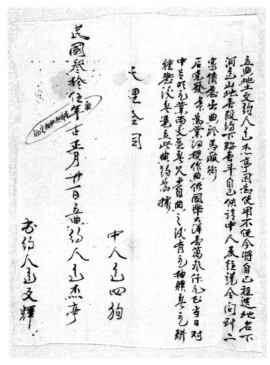

图四〇　民国三十五年（1946年）合同

42. 典约（1946年，图四一）

立典约人：樊义忠

因为使用不便，今将自己祖业地名房背后地上半段下籽叁斗，自己
央请中人来往说合，问到二家情愿典于后克发名下，典价大洋壹万元整，
又麦子壹石，当日元麦子两交，并无欠少。自典之后，有元麦子抽赎，
无元麦子长年看授（守）。恐后无凭，立此典约存用。

（更换新约为据）

民国三十五年古二月初六日

[每年银粮照工（公）完纳]

中人：樊生玉

立典约人：樊义忠

书人：后维信

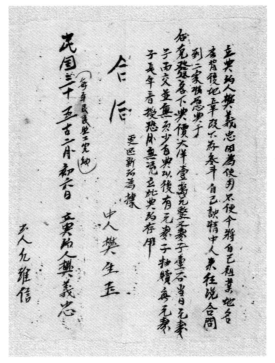

图四一　民国三十五年（1946 年）典约

43. 合同（1947 年，图四二）

天理合同

立典地土

（文）约人：曾效藩

因为使用不便，今将自己祖遗地名大白杨沟口上坟地一段下籽贰斗，自己央中人樊义忠来往说合，情愿典于后克发名下为典，得受对中言明，作典价国币壹拾叁万元整，当日元地两交，并无欠少。自典三年之外，有元抽赎，无元常年耕种。恐后无凭，立此典约存用。

民国三十六年二月初八日

（每年银粮照章完纳）

中人：樊义忠

立典约人：曾效藩

书人：雷襄山

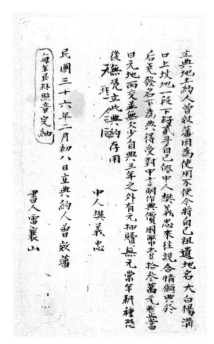

图四二　民国三十六年（1947年）合同

44. 典约（1947年）

天理合同

立典地土

文约人：樊山神保

因为使用不便，今将自己祖遗地名墩地乙（一）段下籽叁斗，自己央请中人樊义忠来往说合，问到二家情愿典于马厂里后克发名下为业，得受作典价清油大秤伍拾斤，麦籽民斗陆斗正，当日油、麦、地两交，并无欠少，自典之后有油麦籽抽赎，无油麦每年耕种。恐后无凭，立此典约存用。

民国卅六年古二月廿一

（每年银粮照公完纳）

中人：樊义忠

立约人：樊山神保

书约人：樊桐

45. 典约（1947年，图四三）

立典地土

文约人：曾尕三

因为使用不便，今将自己祖遗地名下河滩里地大小两段共下籽乙（一）斗，自己央请中人樊义忠来往说合，问到二家情愿典于后克发名下为业，得受作典价麦籽民斗叁斗、青禾伍升正，当日麦禾、地两交，并无欠少。自典之后有麦禾赎，无麦禾每年耕种。恐后无凭，立此典约存用。

民国卅六年古二月廿六日

（每年银粮照公完纳）

中人：樊义忠

立约人：曾尕三

书约人：樊青梧

图四三 民国三十六年（1947年）典约

46. 典约（1947年，图四四）

天理合同

立典约人文字人：后六佃

因为使用不足，今将自己祖遗业名康家山所有地土每年承纳三色口粮陆斗，自己央请中人曾克义、吕慈荣来往说合，问到二家情愿出典于后克贤名下为业，得受作典价大洋贰拾贰万元正、青禾三斗，又典小麦壹斗，当日对中言明，元业两交，并无欠少。自典至（之）后不分年限近远，有元抽赎，无元作为后克贤按收。恐后无凭，立此典约为据。

　　中华民国三十六年古历三月初七日

　　中人：曾克义、吕慈荣

　　立约人：后六侣

　　书约人：曾希圣

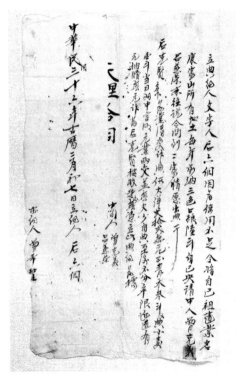

图四四　民国三十六年（1947年）典约

　　以上所录六件文书共同之处在于：具体标明了所立契约的性质、契约内容、双方承担责任和赋税、立契双方姓名、中间人、书约人等，在格式上和契文上都比较完整。内容同为立典约人将个人所有的田地在下籽播种以后典卖于后姓族人。所不同的是，对于双方所交易对象的价格有了很大的变化，播种以后典卖的价格明显高于以上文书中单纯的土地交易的价格。对于这部分高出来的价格，应包含部分的青苗补偿费用。这是契约内容中涉及交易的土地类别上的一个变化。另外从"自典之后有元抽赎，无元耕种"中也可明显看出，这些契约沿袭了明清以来的永佃权，就是佃农在不拖欠地租和赋税按时完纳的条件下，不限年月，永远耕作这些土地。而且佃农所交纳也是定额租，并没有规定如遇丰收灾荒，租税如何增减这些内容。但这些契约又是灵活的约定，若典卖人在经济条件允许的情况下，可以随时赎回自己所典卖的土地。

在民国三十六年第四件典卖土地契约中出现的"得受作典价……，麦籽民斗……"这样的典价约定，指出当时所用的计量单位名称为"民斗"。在下文中将会辑录的《民国三十八年古四月二十九日字据》《民国三十八年二月初十日合同》和《未具日期清单》三件文书中还出现了另外一个计量单位"岷斗"。这两者同为衡量租额的计量单位，"民斗"应是民间所使用的计量工具，"岷斗"应类似于"官斗"，是地方政府法定所使用的标准的计量工具。甘肃近代各个地区的度量衡是不相统一的，官方和民间也各有其法。总体来看，度量衡的官方标准和民间标准是混合使用的。其中的量是以斗或升计。在甘肃地区，1石等于10斗，1斗等于10升，1升等于10合，1合等于10勺，1勺等于10撮。各地斗、升的容量不尽相同，按公制看，1升等于5公斤，10升为1斗，一斗则为50公斤，还有每斗16公斤和25公斤的。所以，"岷斗"应是按公制计算的，"民斗"就是按民间制计算的。民国二十年，甘肃省政府开始推行统一度量衡，以市制为单位，以市斤、市尺、市升等为标准，但民间很多地区仍然用传统的度量衡来进行交易[1]。

民国三十六年第六件文书《民国三十六年古历三月初七日典约》和下文《中华民国三十八年二月二日代理合同》中所述的"三色口粮"，指的是粟米、小麦、豌豆三种粮食，这也是岷县地区主要种植和生产的粮食作物。

47. 字据（1948 年，图四五）

立代理管业

字据人：后克明

因为困逼流离，倒闭佛事，今将祖遗康家山僧业地土一处，对同地

---

[1]　邓慧君：《甘肃近代社会史》，甘肃人民出版社，2007年，第133页。

方绅老王杰三等，委交于胞兄后克发代理管守，每年经收租粮供奉香火，支应佛事，以致僧门光荣，此处僧业，应于僧人后克正、后克明两股搭匀均分，着后克明一股现在愿租于胞兄后克发、后廷栋名下，二人亦愿承粮耕种，若有纠葛涉讼等情，无论费用多少，只有康家山僧业负担。恐后失信，立此管业字据为证。

民国三十七年元月十八日

绅老：王杰三（印章）、后寅旦、王执中

立代理管业字据人：后克明（印章）

书据人：包永贞

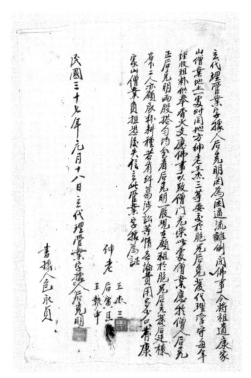

图四五　民国三十七年（1948年）字据

48. 分单（1948年，图四六）

具分单人：后克正、后克明

因为佛事停止，所有祖遗康家山僧业地一处，共有四房僧人，两房现不在家，今有僧人后克正、后克明兄弟二人央请亲邻樊晓春等将此僧业面验搭停，两股均分，以应佛事，顶纳田赋。计开：后克明名下分得阴山大地一段下籽四斗，房背后地一段下籽八斗，大地上面地一段下籽贰斗，坟滩地半段下籽一斗，门底下地大小五段下籽八斗，北面上阳坡地一带大小地贰拾贰段共下籽叁石柒斗伍升（庙梁上伍斗在内），北面庄窠两所、禾场半所、北面房屋两间，对同亲邻言明，自分之后各守其业，不许横搅强赖，佛事田赋各项杂差一并两股承认负责，恐后无凭，立此分单为据。

民国三十七年二月初十日

亲邻：杨作舟（押）、樊晓春（押）、后四奎（印章）、张书铭（押）

具分单僧人：后克正、后克明（印章）

分业对证：后克发（印章）、后克贤

书人：包永贞（印章）

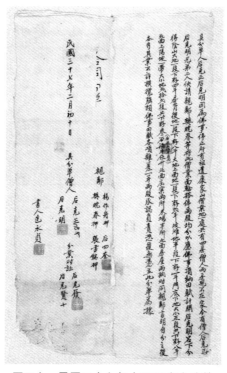

图四六　民国三十七年（1948 年）分单

49. 赠予契（1948年，图四七）

立奉送地土

约据人：后克贤

因为先年开家之时，分得扎洒呢路上祖业地土大小六段，共下籽陆斗，理应后克贤永远看守耕种，不意有二房后廷栋将此地土与路下二老养口地一段下籽四斗一并偷卖于曾姓为业，此时后克贤与胞兄后克发商议已定，情愿淘神救业，由地方法院成讼，以及三审染讼三年有余。蒙三处法院将业判回兄弟二人得养口地四斗，每人贰斗均分。因兄后克发涉讼日久失散，家务又出钱出力劳心太很。愿将祖业陆斗奉送于胞兄后克发名下为业看守，以补苦情，对同亲友后四奎等言明，日后永无反悔，恐后无凭，立此奉送约据为证。

民国三十七年二月初十日

（每年田赋跟地完纳）

亲友：后四奎、樊晓春、张书明（押）

立奉送约据人：后克贤

书人：包永贞

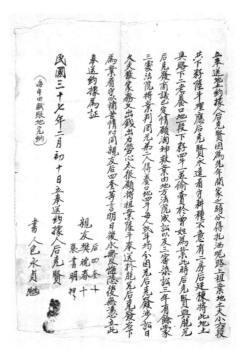

图四七　民国三十七年（1948年）赠予契

50. 合同（1948 年，图四八）

立典约人：后克明

因为使用不便，今将自己康家山僧业地名房背后大地一段下籽捌斗，央令中人后四奎等来往说合，情愿典于后克发名下为典耕种，对中言明，典价银币柒拾叁块、禾豆陆斗，当日地银两交，并无欠少。自典之后不分年限，价到地回。恐后无凭，立此典约为据。

民国三十七年二月十五日

（每年田赋照亩完纳）

中人：后四奎、杨作舟

立典约人：后克明（印章）

书人：包永贞

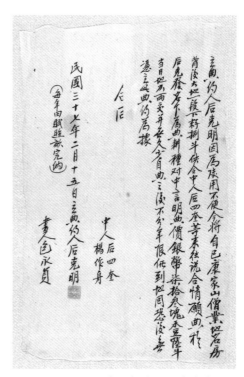

图四八　民国三十七年（1948 年）合同

51. 合同（1948 年，图四九）

立书合同

字据人：宋寿喜、后克发等

因为马厂里包元寿所领崇教寺园子一所下籽贰升，东南依巷头为界，西至马姓居住庄墙为界，北至场为界。近闻包元寿有偷卖等情，有东寺寺主后克发等依理质问，遂向包元寿名下将园子夺回。适有宋寿喜原无住址，即央请中人雷虽代父来往说合，情愿领于宋寿喜名下建屋居住。对中言明宋寿喜念包领园居住址，自愿于佛家承纳香钱硬币捌元。其洋当日交清并无欠少，自立字据之后，只准看守，二家不许典卖。若有典卖者罚硬币叁拾块作为建筑佛寺之费。恐后无凭，立此合同字据可证。

中华民国三十七年五月二十三日

（每年田赋香粮照章完纳）

中人：雷虽代父

立字据人：后喜刚（印章）、后寅旦（手印）、后克发（印章）、宋寿喜

书字据人：雷殷南（印章）

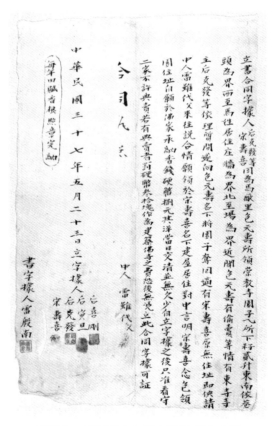

图四九　民国三十七年（1948 年）合同

　　民国三十七年所立的这五件契约，契约的签订人均发生在后姓族人之间，上文的论述中已表明这些后姓族人为大崇教寺寺僧或后人，所以这些契约的内容清晰地反映了土地、房产等僧业所有权在族人内部的转换。契约涉及代理管业、合同分单、奉送地土、典约等几种不同的类型。

　　第47号文书为代理管业字据，立契的原因是因为"困逼流离，例闭佛事"，对于如发生诉讼和签订契约的费用承担也有明确的约定，"无论费用多少，只有康家山僧业负担"。这是关于契约签订费用的承担人的规定。

　　第48号契约为分业合同，文书结尾的签名"具分单僧人：后克正、后克明"，这更进一步说明了这份契约涉及的内容是寺产所有权的在僧人内部的变换。和前一件契约中规定的单方面承担费用不同，此件契约是"佛事田赋各项杂差一并两股承认负责"，由双方承担。这份分单和《民国二十四年分单》内容上相类似，是对土地的分配。与《清光绪十八年分单》对家产的分配方式有所不同。

　　第49号契约呈现的则是另一种契约形式，从立契的开头"立奉送地土约据人"可以看出此件契约的形式为施舍赠予契，契约中明确了赠予土地的数量、位置和原因。

　　第50号契约为典卖契约，延续以上所列出的典卖契的形式，内容仍是土地的典卖，采用的是货币和实物相结合的交付形式。

　　第51号文书中明确指出所交易的房产属崇教寺所有，而"东寺寺主后克发等依理质问"，将被外人所占房屋收回，再租于他人居住，租房人自愿于佛家承纳香火钱。

　　此外，虽然民国三十七年以前的文书中并未指出后克发的具体身份，但结合其在所涉及的土地交易中出现的频繁程度，可以推断后克发在大崇教寺寺僧中有着非常重要的地位，而且拥有强大的财力和物力。既然所立契约合同的双方同为大崇教寺寺产所有者之间，他们所立契约的目的"经收租粮供奉香火，供应佛事，以致僧门光荣"就是顺理成章的事情了。此外，第49、51号契约中同时提到了有偷卖土地的情况，对于属于寺院寺产的土地被偷卖看来是不被允许的，所以对于出现偷卖等情况除了要收回土地以外，还要承担的后果是"罚硬币叁拾块"，用途是"作为建筑佛寺之费"。至于出现偷卖土地这种现象的原因，应该是个人为谋私利所驱使。另外，寺院整体的衰落，寺产也逐渐被分归到个人手中，谋取个人的利益在这时超越了维护集体财产的意识。

52. 代理合同（1949 年，图五〇）

立委代理交价

字据人：后六哥

因为康家山所有地土三色口粮陆斗，前典于后克贤名下，今央请中人交价后克贤，因法币配合硬币多寡悬殊不肯收价，后六哥生活困难无法维持，将要逃走异地不能久居家中，故委后克发代理交价以赎回原业，恐口无凭，立此字据可证。

中华民国三十八年二月二日

中见人：白生云

立字据人：后六哥（指印、左二指）

书人：雷襄山（押）

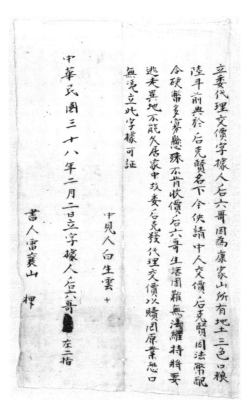

图五〇　民国三十八年（1949 年）代理合同

53. 合同（1949年，图五一）

天理合同

立典地土约人：后克明

因为使用不便，今将自置地名石那岗里地上下两段下籽叁斗，自己央合中人来往说合，情愿典于汤允中名下为典耕种，对中言明典价硬币贰拾块又三色粮岷斗壹斗捌升，其洋粮当日交清，并无欠少。自典之后元粮交到将地赎回，恐后无凭，立此典约存用。

民国三十八年二月初十日

（每年银粮照公完纳）

中人：白生云

立典约人：后克明

遏书：雷襄山

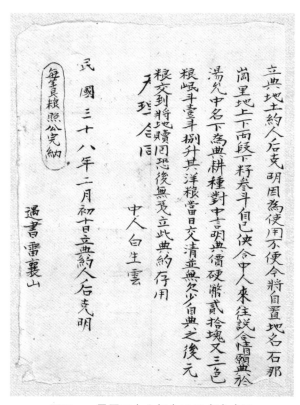

图五一　民国三十八年（1949年）合同

54. 卖契（1949年，图五二）

立永远典卖地土契据

僧人：后克明

因为耗费不便，今将自己祖遗僧业地名康家山门底下地大小四段下籽岷斗陆斗，阴山大地壹段下籽肆斗，庙梁上大地壹段下籽伍斗，山根里窎地壹段下籽贰斗，上阳坡窎地壹段下籽叁斗，台台地壹段下籽壹斗伍升，长尾干地壹段下籽壹斗伍升，长尾干以上地大小共陆段共下籽伍斗，铁匠大地下楞杆地壹段下籽贰斗，共地大小壹拾柒段共下籽叁石。其地四至未开各有地畔为界，靠租户吕氏庄窠壹所、房子壹间、场壹角出入道路通行，辘轳轴半颗，央请中人说合，情愿出卖于长兄后克发名下为业，得受卖价硬币叁百叁拾圆整，当日兑中，币业两交清楚，并无少欠等，酒食画字币对同中费用应酬。自卖之后并无异言反悔。于后有凭，立此永远卖契付长元执收为证。

民国三十八年古四月二十九日

（每年田赋照以四分之一完纳）

中间人：后克贤（印章）　画字币贰元四角

宋免有（左二指）　画字币贰元四角

吕佐周（左二指）　画字币贰元四角

立卖契据人：后克明（印章）　画字币柒元

书契人：曾文齐德 画字币柒元

55. 字据（1949年，图五三）

立息事字据人：后克贤、后克发二人

因与其弟克明所分就康家山祖遗僧业一份，段数、籽□有新卖契为凭，此业两相争持攘成讼案，属讯案未解，有亲友吕佐周等从中调解，将此业兄弟均匀置入新立卖契管业。将前所立卖契作为废纸无用。自此以后不惟此业并无纠葛，既从前兄弟二人手续两相清楚，再无此长彼短，人心不古。立此息事人字据，各执为凭。

民国三十八年古四月二十九日

中间友人：吕佐周（手印）、后发荣（印章）

立字据人：后克贤（印章）、后克发（印章）

书字据人：曾文齐德

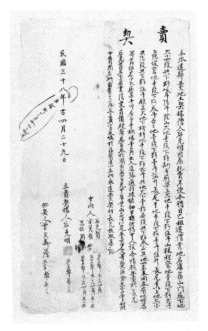

图五二　民国三十八年（1949年）卖契

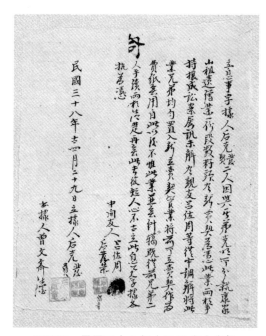

图五三　民国三十八年（1949年）字据

56. 合同（1949年）

天理合同

立典地土

文字人：后克发

因为使用不便，今将自己祖遗地名康家山山根泥地一段下籽贰斗，场背后大地下地一段下籽贰斗，自己央请中人来往说合，向到二家情愿典于曾永寿名下为业，得守兑中言明，典价大洋拾块零伍角，自典自后有元抽约，无元长业得守。恐后无凭，立此典约为证。

民国三十八年古五月二十七日

（每年田赋照章完纳）

中人：吕佐周、宋免有（代押）

立约人：后克发（印章）

书人：王建印

57. 收据（1949年，11厘米×26.5厘米，图五四）

今收到崇教寺三十八年度渐校粮市斗小麦壹拾伍石正，此临时条候该户纳清后，再行换据，特此证明。

岷城办事处主任：（雷□□、刘光宗印）

（中华民国）三十八年七月六日（印章）

图五四　民国三十八年（1949年）收据

民国三十八年所立的六件文书内容形式涵盖了买卖契、典当契、更换契约、收据等契约类别，下面对各契约作简要的说明。

第52号文书的形式较为特别，从"立委代理交价字据人"可以看出签订此件契约的目的是委托第三方"代理交价"，所谓的"代理交价"意思为代理交易。其中，"因法币配合硬币多寡悬殊不肯收价"中出现的"法币""硬币"与其他契约交易出现的"大洋""洋元""银元""国币"同为币制的一种形式。以下对甘肃币制的变化作简要的介绍。从清代开始，甘肃本地就以银元作为本位币，主要流通两种质地不同的货币：一种是银元，即银币，以"两"为单位。一种是银锭，上有"元宝"字样，民间称之为元宝。另一种是铜圆，由宝巩局（清初期的铸钱局，局名用地名，因铸钱局在巩昌，所以称为宝昌局）铸造，分别有"当十""当五十"几种类型。铜圆在省城兰州和某些大县流通；铜制的方孔钱，也称为制钱，作为银币的辅币流通，以"文"为单位。民国三年（1914年），甘肃官银钱局开始发行银票，但民间仍沿用清的元宝、制钱等，后为"袁世凯"、孙文头像的银币代替。1933年，国民党甘肃省政府通令全省停止使用银两，改银币为合法流通货币。1935年11月，国民党财政部令各省地方银行发行钞票，取代银币、铜币，以纸币为法定货币。甘肃省政府开始推行法定的货币政策。国民政府发行的纸币面额从1元到500万不等，前后发行了119种票券，一律统称为法币[1]。所以文书中所涉及的交易中的货币，1935年之前的多为银币、铜圆等，1935年以后交易中的货币多为纸币，即法币。因所涉及的文书为地方民间所立，货币的变化和影响不是很明显，所以出现了"法币配合硬币"使用的情况也是很正常的。

在第54号文书中立契人、中间人和书契人的后面再次出现了"画字币"这样的注释，这和上录《民国二十八年古正月廿日卖契》文书中提到的"画字××"表述一致。意思可从《民国二十八年古正月廿日卖契》文书中的"酒食在内，画字在外"和此件卖契中的"酒食画字币对中费用应酬"中得到进一步的解释。但和较早期的契约相比可以看出，"画字币"从民国的二十八年"伍角"增加为"贰元四角"甚至是"柒元"这样的变化。出现这样的现象有物价上涨因素的影响，更重要的是土地价格的增长，这从民国二十八年到三十八年所签订的契约中是显而易见的。所以，签订契约所耗费费用的增加在所难免。

第55号文书的开头"立息事字据人"很清楚的显示此件文书的性质属于一份息事的字据。在此件字据中首次出现了明确表示作废旧的契约，重新签订新的契约的约定内容。契约的类型可归入更换契约的范畴之内，但又区别于其他契约形式。契约内容上表述的也较为清晰，是关于康家山祖遗僧业所产生纠纷，

---

[1]　邓慧君：《甘肃近代社会史》，甘肃人民出版社，2007年，第130页。

经由中人的调解而重新签订新的契约。

第 57 号文书形式简单，内容清晰，为岷城办事处收到大崇教寺交来的民国三十八年的粮食后而出具的收据。僧人们从理论上来说是既不生产任何东西，也不占有任何财产，所以他们不承担纳税的义务。因为他们已出家，再没有权利得到分配给普通百姓的土地。所以，寺院的赋税一般由其属民来代为缴纳。进入民国以后，寺院、土司的自治制度逐渐被取消，僧侣也开始向普通百姓的生活方式转变，开始拥有一部分属于自己的土地。到了新中国成立前夕，岷县政府为配合解放大西南的任务，在各地设置了粮站，征集供应部队的粮食、草料等。在这种政治局势下，具有一定经济实力的大崇教寺也被纳入到征集的范围之内，此件收据应为此时岷城粮站收到大崇教寺交来粮食后而出具的凭证。

第 53、56 号文书同为典卖土地的契约，契约形式相同，仍延续前期典卖契约的形式。契约内容清晰明了，涉及不同地段范围的土地的交易，但契约的签订人有所区别。

以上是民国时期 57 件大崇教寺文书内容的辑录和简要的分析。从中我们不难发现，众多契约文书形成的原因是因土地等生产资料的问题而形成的纠纷，有的甚至诉诸政府，这从一个侧面说明了民间群众法律意识的增强，所以促成以民间契约的形式签订下来的契约文书的大量存在。这些文书内容所涉及的大量的土地地名，也为我们大致勾勒出了大崇教寺寺产的范围和规模，粗略的统计涉及土地名称有 30 处之多。而土地、房产等僧业轮转过程中的价格变化为我们了解大崇教寺和周围区域经济的变化提供了最直接的历史资料。在民国时期，岷县民间契约的形式也渐趋完善和规范。民国时期的大崇教寺文书所涉及的土地、房产等交易的对象，除了在契约中直接标明是大崇教寺寺产的交易之外，还有马厂街水磨的典卖、后姓人借贷钱粮的凭证、后姓兄弟分家产所立的字据、私人借贷所立的契约及账目清单等，其中的两份清单中并未显示可证明的清单持有人的信息。

需要特别说明的一点是，除上述契约之外，余下部分的契约文书中所涉及的内容并没有直接显示大崇教寺寺产或是僧人私产等直接相关的信息，故未辑录出全部的内容，而是作为研究岷州社会经济生活背景的材料参考，为完整考察大崇教寺契约文书的全貌提供借鉴。

第二节　中华人民共和国成立后的大崇教寺文书

随着中华人民共和国成立，岷县地区的社会经济生活也逐渐规范化，所以这一时期的土地交易明显减少，所收集到的文书仅三件，其内容多为水磨的归属问题。

中华人民共和国成立后的大崇教寺文书共三件，现将内容辑录如下，并作简要的分析说明。

1. 字据（图五五）

立写字据人：后克发、包银喜

因为祖遗康家磨水磨壹盘，原系五六七八房僧人之水磨以为养老供佛之应用，并未有许人之壹事，若大房二房三房四房之后裔僧人各项，壹房管照为业立门顶烟养老供佛祖辈传辈，不准许人占霸，只许租管看守，恐后五六七八房之僧人并有四房头之许人信口糊（胡）言占霸者，空口无凭，立此字据为证。

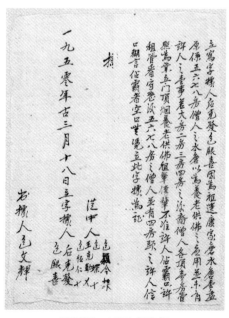

图五五　1950 年字据

一九五零年古三月十八日

中人：包颖今、包琛、王克勤、包恒仁

立字据人：后克发、包银喜

书据人：包文辉

2. 典约（图五六）

立典水磨人：后秉忠

因为使用不足，今将自己祖遗磨名马厂街下头水磨一盘每月典得八天八夜，自己央请中人来往说合，情愿典于石诗名下为业，得受对中言明作典价洋合油捌拾斤，当日钱磨两交，并无欠少，自典之后有钱抽约，无钱常年看受（守）。恐后无凭，立此典约为据。

公元一九五四年三月廿三日

中人：曾慈荣（手印）

立典约人：后秉忠（手印）

书人：亲笔（手印）

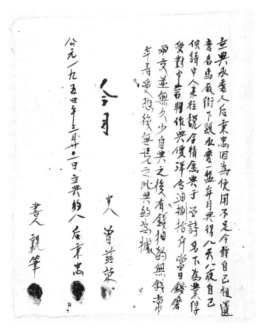

图五六　1954 年典约

3. 租契（图五七）

立租约人：后秉忠

因为食用不足，今向到石诗名下租得水磨八天八夜。每年成（承）
纳租粮三色三斗，自己央请中人来往说合，情愿租于后秉忠名下为业，
得受自租之后，常年租看有欠租者多业收回。恐后无凭，立此租约为据。

公元一九五四年三月廿三日

中人：曾慈荣（手印）

立租约人：后秉忠（手印）

书人：亲笔（手印）

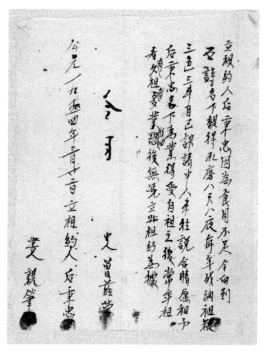

图五七　1954年租契

以上为中华人民共和国成立后所立的三件契约，沿袭民国时期的契约形式，
没有明显的变化。第1号文书为协议字据，是后姓大房、二房、三房、四房之
后裔僧人唯恐五、六、七、八房僧人霸占祖遗康家磨水磨而立，协议的结果是
"不准许人占霸，只许租管看守"。第2、3号契约为同一日期——一九五四年

三月廿三日、同一立约人——后秉忠、同一中间保人——曾慈荣所立的两份合同，一份为典约，一份为租约。前一合同为后秉忠将自己祖遗磨名马厂街下头水磨一盘每月典得八天八夜于石诗名下，典价洋合油捌拾斤；后一合同为后秉忠向石诗租得水磨的八天八夜，租价是每年交纳三色粮三斗，双方并共同约定若有欠租者，将水磨收回。

在水磨作为一种生产工具被使用比较普遍的地区，雇佣劳动往往又是农家的一种副业。雇人来看守磨房也就成为文书的内容之一。此类雇佣也需要订立合同，遍查大崇教寺契约文书中，看守契约共十件，除去中华人民共和国成立后签订的这三件以外，还有《民国九年正月典约》《民国二十八年古九月典约》《民国三十一年古正月典约》中的水磨看守、《民国廿一年正月合同》中的房产（门窗在内）看守、《民国廿八年古四月典约》《民国廿八年古九月典约》中磨房及在内的所有物品的看守和《民国三十七年五月合同》中的房产看守，并且契约内容明确，只准看守，不许典卖或是偷卖，否则承担一定的责任。从主雇关系来看，雇佣人和雇主之间并不存在人身依附关系，这种短期的雇佣契约关系，也深刻地反映了农业雇佣劳动新旧因素交织的复杂情形，具有明显的时代特征。

在民国二十八年所立的两件契约中关于水磨的用途和作用已作过详细的分析说明。对于如此重要的生产资料，在过去的几十年甚至上百年的时间里，它被作为一种财产传承下来。直到 20 世纪 80 年代后期，由于生态恶化、溪流枯竭，被柴油机和电动机带动的电磨代替，失去了它的作用。岷县地区因其地处偏远，现代化的生产生活方式更新缓慢，中华人民共和国成立后的相当一段时期内水磨仍是民间生产生活不可缺少的重要组成部分。所以，大崇教寺僧人的后代们仍把它作为生活开支的部分来源。

第三节　未具日期的大崇教寺文书

另有未具日期的大崇教寺文书三件，内容辑录如下，并作简要的分析说明。

1. 分单

新开康家山祖遗僧业于老六、后克明所分地名详开于后：

沙底下地大小四段下籽岷斗陆斗、阴山大地壹段下籽肆斗、□梁上大地壹段下籽伍斗、山根里窝地壹段下籽贰斗、上阳坡窝地壹段下籽叁斗、台台地壹段下籽壹斗伍升、长尾干地壹段下籽壹斗伍升、长尾干以上地大小共陆段共下籽伍斗、铁匠大地下楞杆地壹段下籽贰斗，共地大小壹拾柒段共下籽叁石。此业僧人克明业出卖于长房、三房二人凭命均抓。

此地单由长房后克法（发）所抓

2. 收租契

全月初四日　支年斋　后克发收

红水沟：何善荣租粮四斗、龙方荣粮四斗、袁中彩粮三斗伍升

陈善人租粮柒斗、陈国材粮四斗

共粮二石二斗　纳田赋三石一斗六升

（崇教寺常住地租印记）

3. 收租契

补开地亩单子

张元朝地租伍斗 张灵朝地租伍斗 杨成海地租伍斗 杨海林地租伍斗 张永安地租伍斗 张尕祥地租伍斗 杜培基地租共六斗三升九合 杨老三地租五斗四升一合 蒲全海地租壹石零六升 张佛林地租四斗九升七合、猪一口 杨德福地租七斗八升 张侯保地租九斗九升四合 彭长庆地租共壹石零六升五合、猪贰口 蒲来福地租共壹石

蒲全海麦籽、青禾叁斗 张保长麦籽、青禾贰斗伍升 张作栋□斗伍升 杨成海麦籽、青禾□斗伍升 张林朝青禾贰斗 张元朝青禾壹斗伍升 张哈祥麦籽、青禾贰斗伍升 杜善才麦籽四升伍合、青禾玖升伍合 杨森林青禾壹斗 彭云林青禾贰斗 张希孔青禾壹斗玖升

三十年收粮共贰石柒斗七升伍合

第一件文书内容为后克发所抓分到的土地的单子，单据中清晰记录了土地的范围及数量，这和《民国三十八年古四月二十九日卖契》文书内容中所涉及的土地的地名相同，文书中所涉及的田地也同为后克明、后克发所有。所以此件文书应和《民国三十八年古四月二十九日卖契》文书签订的时间是在同一时期。比对两件文书的行文和笔迹，再根据《民国三十八年古四月二十九日卖契》文书所立的时间可以推断，此文书所立的年代或约在民国三十八年左右。

从第二件文书内容可以清楚地看出，此文书内容为后克发出租大崇教寺田地所收取地租的一份清单。除记录所收地租的数量以外，还有两点值得关注。一是文书中所记"支年斋"。《佛学大词典》中给出的解释，"年斋"是禅林于元旦时，监院以私财自营斋会，供养大众，若力所不及，则可请人供养，称为"年斋"。此处是为了说明收取租粮的用途。二是印章的印文中所显示的信息"崇教寺常住地租印记"。所谓"常住田"指的是由朝廷封赐给寺院的供养土地，并免其税赋，以示对佛教的推崇和支持。说明此件文书中所记录的红水沟何善荣等人所耕种的是大崇教寺的常住田，而收租人后克发对这些田产显然有支配权。这一点可从后克发的身份信息上去判断。在《民国三十七年五月二十三日合同》文书中有明确指出"东寺寺主后克发"的信息，但所有的文书中都没有明确的信息显示大崇教寺寺主在位的起始年代。初步推断此份清单所立的年代可能为后克发就任大崇教寺寺主前后。所以，从涉及后克发本人的所有文书的年代做出推断，这份文书所立的年代大致是民国二十八年到1950年之间。

最后一份文书的内容是包括张元朝等14人所交地租、牲口和张希孔等11人所交青禾和麦粮的清单。文书中只是单纯地记录了各人所交的粮、地租的数量，并没有交付对象的任何信息。只是在清单的结尾给出了这样的信息："三十年收粮共贰石柒斗七升伍合"。其中的"三十年"可以理解为从某年份开始到文书所立年代时间段为"三十年"。具体为哪一历史阶段的三十年，无从断定。但根据记账的基本原则来看，如果是三十年的账目应分别记有某年某人所交租粮的数额。而清单显示的个人所交数额并不是很大。所以，排除是三十年来所收租粮的清单。但又可以从另一个角度可以把"三十年"理解为文书所立的时间——民国三十年。从民国三十年左右文书中所涉及的土地交易来看，此件清单中个人所交纳的地租在数额上和当时则较为接近。但把每个人所交数额相加和清单结尾的"三十年收粮共贰石柒斗七升伍合"也不相符。结合《民国二十一年至二十三年清单》和《民国三十三年二月初五日清单》两件文书来看，此件清单所立年代也应该在民国二十年之后到 1950 年之前。

大崇教寺文书的
特征与性质

一般意义来讲，契约文书是双方或多方共同协议订立的有关买卖、抵押、租赁等关系的文书或条款。其特点包括权利义务性、法律效力性、平等互利性、协商一致性等。岷县大崇教寺契约文书基本上也是基于此，在土地所有权关系较为明晰的前提下，对田产、生活生产资料进行买卖或租佃，借以明确各方利益。契约文书的实质是土地所有权、使用权受法律保护及道德规范约束的实物呈现，根植于具有自由买卖性质的私人占有制基础之上。岷县大崇教寺契约文书的产生说明，不管是寺院还是普通民众都会通过契约这种形式来调整人与人之间的关系，而国家法律对于契约文书的功能在于禁止并惩罚违反契约的行为。

第一节　明清时期大崇教寺文书的特征与性质

一、明清时期大崇教寺文书的特征、性质

明清时期是以地主为核心的封建土地制度发展到顶峰的时期，也是契约在土地占有、使用中被广泛应用的时期。大崇教寺明清时期的契约文书共43件，时间跨度从明天启四年时期到清宣统三年，主要内容包括土地政策、赋役制度、诉讼司法和寺院宗教管理制度四个方面。通过对明清时期的这些契约内容的梳理发现，此时的寺院财产仍是封建生产方式下的僧侣集体所有制，而这种占有关系是通过僧众会议制的方式来实现的。

从总体上看，明清大崇教寺契约文书的内容虽各不相同，但文书的形式基本一致，涉及的土地大多是所有权的归属或是赋税杂差等问题的处理，没有出现大规模的土地买卖和租佃。就契约的形式而言，红契和白契都提供了参与契约签订所有人的完整信息、关于土地所有权的说明、签订契约的理由以及契约各方的权利和所要承担的义务的分配。但是，明清时期大崇教寺文书的总体特征和形式却没有得到充分的体现，原因在于契约文书大部分属于土地所有权归属合同，多数是关于寺院土地的内部分配和使用或其他生产资料的所有权问题，只代表了众多契约类型中的一种形式。

土地所有权是土地所有权关系的法律表现，它肯定了个人或集体对土地的占有、使用和处置。随着社会的发展，由于自然条件和历史传统的不同，土地所有权的表现形式也不尽相同，存在着"公田"与"私田"的区别。在乡族共同体内部，个人的活动及其对其土地和财产的控制是存在的，但土地的私人所有权受到这一共同体的限制和控制，这是在私人土地被继承、转让或买卖时发生的。这一点尤其明显。在乡族共同体之上还存在着更统一的大共同体——专制国家，私人所有土地就不可避免地要受到国家权力的干预。明清时期大崇教寺文书中所涉及的土地，大多是寺院寺产，部分由国家赐封，具有明显的"公田"性质，但有些又是寺院独立开发的，具有"私田"的性质。正是因为其"公田"的性质，这些土地的权利，如土地财产的继承权、销售权和转让权，会得到国家立法的承认和保障。明清时期大崇教寺契约文书内容显示国家对土地

权利的控制正在减弱，土地逐渐转移到王室地主、贵族甚至平民手中。土地买卖双方、土地所有者与承租人关系的确定、个人依存度以及经济外部的强制作用也被明显削弱。

　　寺院经济是佛教赖以生存和发展的重要基础。晚唐以来形成的丛林制度和百丈清规，使佛教自给自足的寺院经济得以成型。明清时期的寺院大部分都有自己的田产，主要通过出租来获得一定的收入。清朝前期，政府对寺院的田产等实施了保护措施，但随着中国半殖民地半封建社会的深入，清王朝陷入内忧外患之境。为了维护岌岌可危的统治，清政府推行了"庙产兴学"运动，侵吞占用大量寺院寺产，使寺院经济遭受重创。在统治者的约束政策下，寺院的土地田产相对减少，农业经济规模缩小，其他形式的寺院经济，如手工业、商业等，也不能突飞猛进地发展。寺院经济逐渐陷入衰退状态，这与隋唐宋元时期的繁荣是不可比拟的。寺院田产的经营，大多采用的是招佃收租的形式。寺院的公共田产出租获得的收入主要用于寺院的开支。寺田法律上规定不许买卖。但寺僧的个人私产，买卖和转让则不受任何限制。除土地外，有的寺院还有多处房产，除部分用于寺院的扩修外，大部分用于出租来赚取利益。从总体上来讲，明清时期寺院的大僧侣与封建社会的大地主颇为相似，他们租佃土地，放高利贷，从各个方面剥削农民。寺田作为封建社会一种特殊的土地占有形式。这对社会经济的发展造成了严重的阻碍和破坏。岷州地区土地交易的特征在明清时期大崇教寺契约文书中，已初露端倪，并影响着寺院经济以后的发展命运。

　　简而言之，明清时期大崇教寺契约文书最主要的内容包括人、物、钱及责任四项，展现出大崇教寺与明清政府、地方政府、民众之间的密切关系。而土地田产纠纷中官府的介入，导致官契的出现，无疑是明清政府试图对封建土地加强管理的一种表现。虽然各州府县被严格要求执行实施，但实际上，仍有大量的白契在社会中通行，这在一定程度上说明明清政府已不能完全按其自己的意愿去控制土地的买卖和赋税的征收了。"官有正条，民有私约"，明清时期大崇教寺契约文书总的来说，还是反映了订立双方的共同意愿，无论自愿与否。

二、明清时期大崇教寺文书形成的原因

河、湟、洮、岷地区历史上一直是少数民族活动的地区,民族分布较为复杂。明朝时,根据地区实际,政府实行土流参治、以流管土和以土治番的方针。藏传佛教是当时岷州地区民族文化的主要内容,并逐渐成为该地区政治力量的重要代表,僧侣和寺院既是神的象征,又是政治上的代表。为了获取藏传佛教僧侣的支持,政府采取了一系列措施来安抚藏族各部。如僧纲司的建立,在政治上承认和确立了佛教僧侣的地位,这样就可以将佛教事务置于明政府的统一管理之下。在经济上政策上给予优惠,对朝贡的僧侣更是给予优厚的回赐。除此之外,还广建寺院,赐封土地,派兵护持。就是在这样的历史环境中,大崇教寺得以兴建。这时寺院的土地多由明政府赐封,土地划定范围受法律保护,任何人不许侵占。这些保护性措施,较好地维护了佛教生存和发展所必需的物质基础和经济条件。寺院获得皇室恩宠之后,其地位得到提升,寺院财产或是僧人私产都得到进一步保护。这就为寺院经济的发展创造了更有利的条件,也刺激了更多寺院的出现。随着寺院数量的激增,僧人的数量也随之增加。尽管清朝时期,岷州藏传佛教开始衰落,但地方政府对寺院的财产仍是加以保护的。正如《明崇祯五年执照》《清乾隆三十八年执照》中所展现的那样,也是寺院的僧人向政府提起诉讼得到支持的主要原因。

在寺庙和僧人数量增加的同时,岷州地区社会生活受到的影响也是巨大的:第一,寺院里吸收了大量的劳动力,导致封建国家税收的流失。如果社会上多一个僧人,生产上就会出现一个劳动力的短缺,而封建国家的税收收入就会减少。由此产生的必然后果是,免征寺院的部分税费最终将转嫁给农民。因此,一个州和县的僧侣数量越多,当地农民的负担就越重。于是在重担的压迫下,人们选择进入寺院为僧来逃避。第二,寺院占用了大量的土地。越来越多的人涌进寺院,脱离了生产。寺院拥有的土地便成为其唯一的收入来源。加之,僧人们大都拥有私有土地,而这些土地的买卖并不明确,而且不会被记录在册,于是大量的土地交易开始出现。第三,由于明清朝廷对佛教的推崇和扶植,寺院逐渐成为大土地所有者。整个社会土地兼并也达到了历史上较为严重的地步。由于寺院受到封建统治阶级的庇护,享有减税、减免赋役的特权,使得寺院在吞并土地方面比世俗地主有更多的优势。但是到了清末,寺院的经济特权大幅

减少，寺院也不得不交税，如钱和粮食。

　　清朝初期的一段时间，吏治清明，赋税增加，一派盛世。但自乾隆中后期，社会由繁荣走向衰落，官员腐败现象普遍存在，税收征管失控。众所周知，清朝的地方官员只设置到县一级。而县政府的运行依靠大量的官吏和里甲、保甲等半官方的村社组织。但这些吏役等是没有政府俸禄的，换句话说，他们所从事只是一种义务上的供职。事实上，他们经常利用自己的公职来敲诈勒索，或与官员勾结，任意私藏或随意征收税款。如《清乾隆三十八年执照》文书中所陈述的"被本处乡约在寺摊派马匹料草鸡羊烟村火夫等项"的杂差。这种乱摊派和强行征收各项杂差，其原因在于县乡吏役没有俸禄，只能在施政的过程格外苛刻。为了按照清政府的命令来完成征税，他们必须寻求其他的筹资方式。于是，他们开始向平民百姓和拥有财力的寺院摊派和征收杂税。当然，这种情况产生的原因不仅是清政府统治制度系统的缺陷，更在于封建制度本身。在封建专制的条件下，随着形势的变化，官吏由清明走向腐败，中央政府的执政能力逐渐削弱，社会最终崩溃也是必然趋势。

　　明清时期契约文书之所以存在，在很大程度上是因为民众需要通过契约来调整人与人之间的关系，而国家法律针对契约文书的重要功能在于禁止并惩罚民众违反契约的行为。

第二节　民国时期大崇教寺文书的特征与性质

一、民国时期大崇教寺文书的特征、性质

　　从民国六年到民国三十八年和大崇教寺直接相关的契约文书共57件。这些契约文书真实具体地记录了大崇教寺在民国三十多年期间寺院财产的流转过程及其与周边地区经济之间的互动交往，数量较多，内容也极为丰富，地域性特点比较明显。契约内容涉及土地交易（买卖、转让、租佃），赋税制度（地价、利息），诉讼司法（地界的划分、分家、归属权的认定）等方面，其中包括各种契约文书、账簿、置产簿、字据、分单等。通观民国时期的契约文书，不难发现此时的买卖契约关系形式逐渐成熟，内容也较为完整，已经形成大体的书写范式：立契人姓名和立契原因，所要转让土地、房产和其他附属对象，土地

交易中产生的费用，以及在亲邻无碍的情况下，由中人说合买卖的双方并见证勘查四至界限，商议买卖的价格，以什么样的交付方式成交都有较为详细的记录。这一过程显然是在强调双方责任关系之后，再次声明契约的永恒性或是合法性，之后有时间、相关证人和买卖双方签字画押。除此之外，大部分契约文书都有标明契约性质的标题，如天理合同、典约合同、合同执照等。这也说明民间对这种合同形式的进一步认可。虽然这些合同只是在双方信任的基础上、在伦理道德规范的约束下签订的，不具备完全的法律效应，但是它在实际生活中却是具有产权证明性质的证据，真实地反映了现实经济关系及其所有权关系的变化。

和明清时期的契约文书相比较，民国契约的形式也在不断增加新的内容。同时，各地也形成了自己使用契约的习惯，这或可被称为"乡规""俗例"。主要表现在以下几个方面：第一，对于违反契约所要承担的惩罚从"罚布施银"到"以利息计算"再到"下籽二斗作为当头"，这是立契双方在所要承担责任上的一个显著变化。第二，物价的变化。租价或典卖价从开始单纯的货币到后来的麦籽、清禾、清油等和货币共同承担，这表明了租价从货币到和实物混合使用的转变。在这一过程中土地价格在一定程度上也被提高了，特别是民国三十五年竟出现"壹拾叁万""贰拾贰万"这样高价的土地交易。土地价格的提高，对于违约势必要付出更大的代价，这也就是《民国二十七年古正月卅日赊约》对于违背约定内容的惩罚出现"罚大洋壹百贰拾元"现象的主要原因。第三，对于租佃和典卖的土地不再是单纯的土地，而是在播种以后再进行租佃和典卖，成本的增加无疑成为土地价格被提高的另一个重要因素。第四，受契人所要承担的费用增加。除了要支付买地或租地的地价以外，一部分要付给所立契约的中间人和书契人费用，一部分要承担酒食招待开支，还有其他费用的附加支出。地价以外开支的增加又成为土地价格被提高的又一个重要因素。

民国时期大崇教寺契约文书虽形式基本统一，但具体内容上仍有所差别。在租田的种类上，基本上是常田；在租佃的年限上长短不一，但一般不长；在租田的数量上，因各类契约中所涉及田地数量不等且都没有注明具体交易的土地田亩数，无法统计出每起契约的平均租田数额，但总的来看每起契约中的租田数量不大；在租价种类和支付方式上，有货币和实物的区别；在立契双方所承担的义务上，要求按时缴纳赋税，在租佃或典卖土地者有经济能力时，可以随时赎回土地。

尽管这一时期内多为民间契约文书，但都是在双方自愿的基础上所立，没有强制性的条款，且权责明确。对于个人来说还是有一定的约束力，这种约束力以双方共同利益默契为基础。

二、民国时期大崇教寺文书形成的原因

甘肃近代大小佛教寺院分布在各府、州、县城以及人口较稠密的乡村或通衢咽喉。在清朝同治年间，寺院多遭破坏，大崇教寺就在此时被烧毁，之后又逐渐恢复，但规模已无法与明代时期相比。特别是到了民国时期，一些大的寺院成为国民军驻军、屯粮的场所，再一次遭到严重破坏。寺院的被毁、军阀的混战，导致僧人的减少，已无法进行正常的佛事活动，也没有了稳定的经济来源，此时寺院仅剩的寺产成为维持寺院生存下去的经济支撑。

由于所处地区和时代的不同，对于财产的分配习惯也有所差异。清朝末期，皇家政权已经停止重新分配土地，土地的买卖成为普遍的现象。兄弟之间分割家产以及产生的纠纷，也就成为一种常见的做法。僧侣们可以继承自己亲属的财产，并且可以自由地支配使用它们。所以，允许僧人们在管理自己财产中保留很大的自主性成为佛教僧众生活中最为明显的特点之一。民国三十七年所立发生在后姓兄弟之间因为财产的分配而产生纠纷的四件文书就是这种特征的体现。所以，此时的僧人们都不同程度地从事属于世俗范畴内的经济活动，特别是从事放高利贷和土地的交易。归根结底，寺院参与到地区经济的交往活动中可以更多筹集到维持寺院正常佛事活动的开支，也可以维持僧人最基本的生活。但是他们这样做的主要经济目的在于获得利润和谋求新的财产，而不在于生产。然而，寺院占有它们自己的土地，佛教的作用又非常有效地扩大了这种产权，由此土地可以被赠予和买卖的现象越来越趋向正常化。寺院僧人的存在必须有大量的物质财富作为支撑，所以，佛教主张在持戒修行的同时，重视物质世界，以合法途径获得世间财富。在这些契约文书的形成中，我们也可以明显看到所立文书没有强制性、霸道性的要求，而是尽量实现双方利益的平

等，保证了契约签订的自由性和公正性。1912 年 11 月，北洋政府内务部发出通告，宣布："凡各庙主持僧道等，除由该教祖宗遗产或该僧道自置私产准其自愿处置外，对于官立公立各庙产均只有管理权，无所有权，不得以个人名义擅自转移及影射、抵押，暨已脱离宗教仍旧占据各情。其有典当抵押者，所立契约概作无效，仍勒令该僧道等自行备价偿还。"[1]1913 年 1 月，再次强调："祠庙对于国家或宗教既均属公产，无论债务债权两方面均不能以私人资格指令抵押，或假其名义向人贷借物品。若有此事，则借者贷者均属违法。"[2] 显然，这时的政府明令寺产不得变卖、抵押、赠予或强占。但对当时偏远的西北地区的一座岌岌可危的寺院来说，未必会严格遵循法律的规则，所以还会私下从事寺产的交易活动。所以说，佛教寺庙的神圣性同样也要面对世俗化管理的问题。尤其在近现代，佛教寺庙等宗教性质的活动场地在其管理和文化传播上会呈现出一些矛盾冲突。但总体而言，佛教寺院的世俗化是其本身发展需要，也是与时俱进的适应社会发展的要求。

在对民国时期大崇教寺契约文书梳理过程中发现，民国十一年到民国十七年竟没有一件契约文书存在。这其中与调查人员搜集资料的不全面有一定的关系，但从岷县图书馆藏的档案资料中了解到这样一条信息，那就是在民国十七年前后，岷县遭遇了严重的灾情。民国十七年，久旱不雨，又加上冰雹成灾，兵匪侵扰，人民颠沛流离，逃荒他乡者居多。县境西北各乡的收入，都只有十之一二。大旱之后，民国十八年、十九年兵荒人祸又起。因岷县常有军队往来驻扎，摊派不休，支应浩繁，民负日重。因粮款摊派频繁，全县粮食消耗殆尽，斗价涨至四十串，民不聊生。在这种情况下，经济活动处于停滞状态也就不难理解了。

岷州地区的田地大体上还是依《清会典》而厘定，主要分为民赋田和屯田两种。民赋田属于人民，可以自由买卖。屯田是戍军垦殖升科之田，所有权不在人民。到民国时期，屯田与民赋田几乎也没什么区别了。甘肃近代社会农民占总人口的 80% 多，他们以家庭为单位进行农业生产。民国时期，甘肃全省土

[1]　《内务部通饬各省都督民政长保护庙产办法文》，《政府公报》第188号，1912 年11月5日。
[2]　《内务部咨浙江都督覆陈本部对于各项祠庙意见请酌量办理文》，《政府公报》第24号，1913年1月13日。

地平均占有情况是每户占有耕地 30 亩，人均占有耕地 6 亩。甘肃有 60% 的人口是由土地可耕的自耕农，30% 左右时没有土地的"穷丁"，以租佃他人田地为生，其他 10% 左右的人口则是大小地主和富农[1]。民国时期的大崇教寺文书中所反映出的借粮或借钱等事实的原因，或是青黄不接，或是因无种耕种，总之是因为缺少种子和口粮，濒于贫困，出于迫不得已，才四处举债，以渡难关，这也正是近代中国落后地区贫苦农民凄惶生活的写照。由于岷县地区所处地理位置的闭塞，社会经济发展缓慢，土地等生产资料进一步集中到权势者的手中，再加上整个地区农业发展的停滞，致使农民生活水平仍然很低。正是因为有了这样众多没有土地的"穷丁"，势必出现借粮借钱度荒的现象，才会使得租佃、典卖和借贷这样的民间活动不断增加和频繁，这些契约的形成也就自然而然成为这些经济活动的凭证。

在传统社会向近代社会过渡时，社会仍然保护等级特权，拥有权力的官僚、占有土地多的地主等享有特权。在近代政治权力无序混乱的背景下，军阀频繁崛起，他们利用手中的权力广占土地，在驻扎当地搜刮民脂民膏，通过非法手段掠夺财富，致使人民负担极其沉重。如 1930 ~ 1936 年，军阀鲁大昌盘踞岷县期间，就大肆挥霍，盘剥当地农民，驻军的服装、枪支弹药、修建司令部和官邸等一切费用，按县分摊。除此之外，还有清乡款、特借款、交际款、活动费等，致使民不聊生。另外，作为甘肃的少数民族地区，佃农的比例比一般传统农业区要高一些。因为，除寺院原有土地和田产之外，私人的土地在去世之后若无嗣继承也会布施给寺院，所以寺院的土地在逐渐地增多，而老百姓私人的土地却在减少。此时的大崇教寺，在这一时期仍拥有大量的田产和属民，寺院土地可由附近的属民租种，牧场由属民放牧，少数是有偿耕种，大多数是无偿耕种，具有劳役的性质。另外有一部分农民，他们有一定的生产资料和财产，但为了逃避沉重的赋税，自愿把田产挂于寺院名下，成为具有寺院依附性质的农民。这也是寺院土地增多的原因之一。

对于原属于大崇教寺寺产的土地被频繁租佃和典卖的原因，除上述当时社会状况所致外，还在于农民占有土地整体的份额不足，只有零星的片段且极其

[1]　邓慧君：《甘肃近代社会史》，甘肃人民出版社，2007年，第64页。

分散，这成为当地租佃关系发达的一个重要原因。正因为一户所得之地又分在多处，相距较远，须租佃寺田以补充生计。土地位置的分散，不利于生产，需互相借贷，交换土地的耕种，因此租佃制得到普及。更重要的原因是农民的贫困，才会把自己有限的土地典卖给在这个时期还相对具有财力的寺院僧人，而寺院由于"困逼流离，例闭佛事"，为"供奉香火供应佛事"也不得不以收取租粮来"以致僧门光荣"，把寺产租种给附近的村民或是典卖给当地更有财力的人。

整个民国时期，佛教由于缺乏以前皇权那样有力的支持和保护而更加衰微，再加上战争的破坏、民生的凋敝，使许多寺院更加的萧条甚至废毁。在 1911 年辛亥革命后，佛教开始复兴，即在思想理论上、组织结构上、社会活动上都开始向现代化宗教转化。但寺院占有土地并收取地租仍是其主要的经济来源。从大崇教寺契约文书的内容和性质上来看，民国时期的租佃关系已不具封建意义上的封建地主和农民之间的租佃关系，基本上摆脱了租佃中土地所有者和佃农之间的人身依附关系，而是双方在利益均等情况下的交易。

大崇教寺的僧人们在明清辉煌时期曾经倍受恩宠，才会在当时拥有着显赫的身份和丰厚的财产。虽然民国时期的他们已经不再受到关注，但曾经积累起来的财富足以让他们过着安逸的生活。此时藏传佛教的发展呈现出一种民俗化的倾向，并与民间的原始崇拜和迷信成分相融合，宗教节日也成为民间节日，佛教中导人向善的道德说教部分变成了以祈福、禳灾、治病、度亡为主。世俗化的宗教生活成为此时僧人生活来源的另一个组成部分，但僧人所从事佛事活动的收入却少得可怜，要过安逸的生活，必须靠曾经积累起来的财产，而为了这些财产的延续，出租、典卖就成为主要的手段。另一方面，此时的民间宗教活动开始轰轰烈烈的开展起来。除了佛诞大会外，大型佛事活动还有祭祀护神、"打张格尔"[1] 等。大崇教寺虽然在此时政治上已无大的作为，但其社会影响依旧很大。正是依赖寺院曾经的社会影响，民间宗教活动才得以大规模的开展，僧人们也向世俗社会更靠近了一步。

---

[1]　"张格尔"据说是"铁围城"的意思。这一宗教活动起源于一佛教传说：佛祖释迦牟尼掌世，为了大千世界的安宁，对扰乱祸害人间的妖魔鬼怪进行惩治，派头上长角的护法神率领16位神将，用佛光罩住，搜捕各类妖魔拘禁在"铁围城"之中，然后按罪恶大小进行处罚。"打张格尔"就是惩治妖魔的法会，把妖魔用火焚烧，以保护人畜平安、五谷丰登。

第三节　中华人民共和国成立后大崇教寺文书的特征与性质

一、中华人民共和国成立后大崇教寺文书的特征、性质

这一时期的文书仅有 3 件，所立日期为 1950～1954 年，多为关于水磨的所有权和租佃使用问题，在契约的内容上较为集中统一。在契约的形式上基本延续了民国时期的契约格式，具备立契约文书人姓名、立约原因、水磨的来源、位置、数量、卖方或租方姓名、价钱、银钱交付方式、立约保证、立约时间、立契人中保人姓名等契约的必备要素。第一件是大崇教寺八房后裔僧人之间为防止某个人或某些人霸占祖遗康家磨水磨而立，协议的结果是不准许任何人占霸，只许租管看守的协议字据。后两件契约为同一日期——一九五四年三月廿三日、同一立约人——后秉忠、同一中间保人——曾慈荣所立的两份合同，一份为典约，一份为租约。后秉忠将自己祖遗马厂街下头水磨一盘每月典得八天八夜于石诗名下，典价为洋合油捌拾斤，后又从石诗那里租回水磨的使用权八天八夜，租价是每年交纳三色粮三斗，双方并共同约定若有欠租者，将水磨收回。两份合同在内容和立契人、中人相同的情况下，分别立有的典约、租约其实可以合二为一，有协议交换契约的性质。后秉忠为得到洋合油，石诗为得到三色粮。进行交换的目的是为了各自得到缺少的物资，继续进行生产生活。

这三件契约所涉及的约定内容同为祖遗的水磨，在契约的形式上分别为协议字据和交换契约。不管是协议水磨使用权的字据还是为了交换得到所需物资的合同都是民间私人自行议定，所以，它们同属于白契的范畴。同时看到，作为同一盘水磨在不同的情况下被连续的租佃使用。

二、中华人民共和国成立后大崇教寺文书形成的原因

由于经历清朝末年的战乱和民国时期的破坏，到中华人民共和国成立之前，岷县大大小小的藏传佛教寺院共有 36 处。中华人民共和国成立后，有的寺院逐渐废弃，有的虽具寺院之特征，然而却为新建之寺。从《重修喇嘛寺记》中可以找到一些这些寺院的历史踪迹："岷地西邻佛域，信佛者众，其有由矣。溯自北宋时期，钦建广仁禅院，明宣德年间，敕修大崇教寺，延及清代，全县佛寺

百有八座。……岷地之威也，毁于'文革'。"

中华人民共和国成立后，我国广泛开展了土地改革运动，彻底消灭了寺院的封建剥削制度。就占有的田产而言，土地改革以后，田租不复存在。但寺观农业经营形式仍然存在，在一些城郊地区还是其主要经济形式。所以，这一时期的文书中没有涉及土地的交易，交易的对象仅为水磨的原因可能也在于此。另外，从解放初期开始，国家就极为重视解决宗教的自养问题，在农村，有劳动能力的、愿意从事农业生产的僧人，由政府分给土地和其他生产资料，自食其力。1956年后，在我国实行社会主义改造的总形势下，许多城市宗教团体出租的房屋逐渐由当地房地产管理部门实行包租，按月付给宗教团体一定的租金。这些举措确立了寺庙产权的法律地位，使僧人有了赖以实行自养的基础资源[1]。所以，僧人们不再需要依靠典卖和租佃土地来维持生活。但由于20世纪50年代，大崇教寺的建筑已被摧毁殆尽，就连一直兴盛的庙会活动也终止了，其他的宗教活动收入更是无从谈起，寺院经济的发展也走到了尽头。所以，这一时期签订的文书数量减少，签订的内容也更偏向于个人私有的生产资料的交易。

1949年9月11日，岷县和平解放。由于历经战乱的摧残，岷县百废待兴。再加上岷县受地理位置的限制，与外界沟通不及时，在解放之初的几年内，工农业发展仍然缓慢，人民的生产方式也十分落后。作为重要生产资料的水磨，在过去的几十年甚至几百年中一直作为一种财产被继承。岷县地区因地处偏远，生产生活方式更新缓慢，在新中国成立以后的相当一段时期内，水磨仍是民间生产生活不可缺少的重要组成部分。从《一九五零年古三月十八日字据》文书的内容可看出，大崇教寺僧人的后代们并没有把它作为个人的私有财产来支配，所以才会只允许租管看守作为生活开支的部分来源，而不允许私人霸占。

岷县作为甘肃省贫困县，经济条件可想而知，作为僧人便不可能整天在寺院里打坐念经，由家人供养。而此时岷县所存在的寺院，大多也只剩下一两间经堂，平时寺院关门上锁，钥匙由村民掌管，僧职人员均在家务农，遇有重要的佛事活动才开门诵经。寺院命运的终结不是单一因素作用的结果，但其中最

[1] 罗莉：《寺庙经济论》，宗教文化出版社，2004年，第72页。

不容忽视的一点是——宗教的世俗化。宗教在这一地区的发展，由于世俗社会的影响、震荡和冲击，导致了宗教的神圣性和神秘主义的逐渐淡化，使其与现实社会的关系越来越密切。这种现象在现代化的进程中被大大地加快了。对传统信仰逐步淡漠，仪式逐步简化宽松，信仰的对象日趋自由化、多元化，组织机构也较为松散，在与世俗社会关系上也逐渐走出圣地，步入"尘土"。随着现代化的发展、理性的信心增加，宗教在社会生活中的作用逐步减弱，人们对它的信仰和依赖程度也在减轻。

明清时期岷州大崇教寺经济与民众社会生活的互动

　　大崇教寺是明清以来统治岷州地区藏传佛教的中心枢纽，其影响巨大而深远。现搜集整理出的43件文书，记录了大崇教寺昔日社会的政治、经济、文化、制度等点滴史迹，为我们探讨明清时期整个岷州地区的寺院和社会经济生活提供了丰富的材料。现以上文辑录的文书内容为基础，对契约文书所展现的区域经济特点、寺院经济与民众社会生活的交往中所体现出来的契约意识进行进一步的解析，以此说明在传统的中国社会中，官方法令和民间习俗对于契约文书内容的影响以及在维护社会经济秩序和本土社会文化中所产生的影响。

第一节　明清时期岷州藏传佛教寺院经济概况

河湟洮岷地区位处青藏高原与黄土高原之间的交汇地带，民族构成复杂多样，是番汉频繁来往之地。特别是在明代政府"惟因其俗，化导为善"的政策下，争相建立寺院，以期得到官方政府的护持，一时间甘肃甘南等地寺院林立，岷州地区的寺院也多达 60 多座。

在甘肃地区中最早获得朝廷赏赐土地的寺院是宋元丰初年修建的岷州广仁禅院，"赐岷州新置寺名曰'广仁禅院'，给官田五顷，岁度僧一人"[1]。至明朝，为了加强对藏族地区的统治，大力扶持藏传佛教寺院的修建，大崇教寺就是在 1417 年由班丹扎释主持修建的。在宣德三年（1428 年），朝廷特赐敕书，动用大量人力物力对其进行了扩建。大崇教寺因此成为岷州地区规模宏大、属寺众多的藏传佛教寺院之一，此后渐渐形成了一个完整的寺院体系。在《明史》《明实录》等文献中，对于明朝的"朝贡"和朝廷的"赏赐"多有记载。《明实录藏族史料》记载：明朝对进贡者"每人赐钞二十锭、彩缎一表里、纻丝衣一袭、靴袜一双、所贡中等马直每匹钞三百锭、丝一匹"[2]。在此重利的驱使下，终明一代，进贡的番僧不绝于途。而在这些进贡的番僧中，自乌斯藏来者不过三分之一，"余皆洮、岷寺僧诡名冒贡"[3]。由此，朝贡的僧人，在自己获赏丰富的同时，也使寺院的经济实力大大增强，这也成为寺院经济的主要来源之一。

纵观佛教传入中国的历史，佛教与政治有着千丝万缕的联系。岷州的寺院与其他地区的寺院一样，寺院经济的形成与封建政府和地方部落首领有重要的联系。岷州后氏来源于唐代吐蕃军将一脉，元代以来为当地的宗教精英、政教望族，明代时后氏家族更是成为岷州卫世袭的土官，位居上层。大崇教寺的创建者班丹扎释就出身于后氏家族，其所开创的大崇教寺就是后氏家族的家族性藏传佛教寺院[4]。后氏家族几乎完全把持着整个大崇教寺的管理和经济运行，同时对岷州地区的社会经济秩序产生着极大的影响。

---

[1]　任树民：《从岷州广仁禅院碑看河陇吐蕃佛教文化的特色》，《西藏大学学报》2003年第2期。

[2]　《明实录藏族史料》，西藏人民出版社，1982年，第508页。

[3]　《明史·西域二》，中华书局，1974年，第8543页。

[4]　参见杜常顺：《明代岷州后氏家族与大崇教寺》，《青海民族研究》2011年第1期。

寺院的发展离不开经济的支撑，在寺院经济的发展中，其同时又兼有金融机构的性质。甘肃地区的百余座寺院，都不同程度地进行商业和高利贷活动。大崇教寺现存的民国二十四年三件文书中就是当地民众在资金使用不足上向大崇教寺后姓高僧、纳巴赊取钱财的典型的借贷契约。文书中对于所借款的数额、利息和还款的日期都有明确的约定。利息的收入显然已成为寺院僧人的另一种收入形式。

一般藏寺院的财产及属民都是世代相承的。但寺院的首领会受到统治者给予的特别优惠，一些大的寺院首领均受有不同级别的封号，如岷州被封为国师的主要有端岳藏卜（永乐二十二年代其叔锁竹坚藏为净觉弘慈国师）、班丹领占（宣德二年前已被封为国师）、锁南藏卜（弘慈广善国师）、绰肖藏卜、锁南秋奈（袭其师沙加国师之职）；被封为大国师的有绵竹藏卜（正统元年被封为净觉慈济大国师）、锁南领占（袭封净觉慈济大国师）、班卓儿藏卜（景泰四年被封为灌顶清心戒行大国师）；被封为法王的有班丹扎释（景泰三年被封为大智法王）、沙加（景泰七年被封为大善法王）、着肖藏卜（正德四年被封为法王）[1] 等等。而这些封号在一定程度上则是权力和特权的象征。也是因其特殊性，大崇教寺一直享受特别的优待。从大崇教寺契约文书《明天启四年执照》（2件）、《明崇祯五年执照》《清雍正十年执照》《清乾隆三十八年执照》可以明显看出寺院财产受到政府的保护以及税课、徭役被免除的事实。

但总的来说，僧人的经济条件水平相差较大，大寺院的僧人可接受大量的布施，相对富裕，小寺院的僧人则要差很多。由于岷州地区并非原始的少数民族地区，汉文化程度较高，部落制度已不那么明显，加之地区经济不发达，甚至导致相当一部分寺院的僧人生活难以为继。于是在租佃制普遍实行的明清时期，寺院的僧人将土地租给农民来管理、耕种，依靠收取地租来维持生计。在涂尔干和伊利亚德的理论体系中，一切宗教都具有神圣性和世俗二元一体的统一性。包括经济活动，也可以是人民获得某种实在意义的方式，是一种宗教精神的表达形式 [2]。若依据这个定义，那么岷州地区明清时期特别是清朝时期的藏

---

[1]　岷县县委宣传部编：《人文岷州》，甘肃人民出版社，2008年，第127页。

[2]　米尔恰伊利亚德著，晏可佳、姚蓓琴译：《神圣的存在：比较宗教的范型》，广西师范大学出版社，2008年，第433页。

传佛教寺院所从事的大部分是与宗教的神圣不相关的各种世俗经济活动，如土
地的耕种、租佃、借贷、房产交易等等。从目前我们所观察到的诸多寺院经济
的情况来讲，这种经济类型是共同存在于寺院经济内部，构成了目前寺院经济
"神圣与世俗"的二元性[1]。

第二节　明清时期契约文书的形式与内容

通过全面梳理大崇教寺明清时期的 43 件契约文书，可以清楚地看到在数量
上白契远多于红契。契约的形式多样，但主要内容依然以土地的交易为主，兼
有产权、房产、生产资料和寺院管理体制的合约。费孝通先生曾这样总结：在中
国，地方群体之间的相互依存，是非常密切的，在经济生活中尤为如此[2]。岷州
地区的民众当然也不例外。在经济的互动中，这些群体之间形成了一个互惠的
地区局域市场。换言之，岷州地区民众是依靠道德的信用体系，使各自不同的
利益得到充分的保障。为了更加清楚地表明这一现象，兹将大崇教寺明清契约
文书形式和内容总结如表三。

表三　明清大崇教寺契约文书概况一览表

编号	名称	年代	性质	契约形式	主要内容
1	执照	明天启四年（1624 年）	红契	执照	土地、寺产的产权
2	执照	明天启四年（1624 年）	红契	执照	土地产权
3	执照	明崇祯五年（1632 年）	红契	执照	土地产权
4	典契	清康熙四十四年（1705 年）	白契	典卖契	土地
5	合同	清康熙五十一年（1712 年）	白契	合同	土地
6	典契	清康熙五十七年（1718 年）	白契	典契	土地

[1]　覃江：《从神圣与世俗的二元性看藏传佛教寺院经济与藏区社会发展》，《社会科学研究》2011年
　　第5期。
[2]　费孝通：《江村经济》，上海人民出版社，2006年，第13页。

续表

编号	名称	年代	性质	契约形式	主要内容
7	合同	清康熙六十一年（1722 年）	白契	合同	土地产权
8	执照	清雍正十年（1732 年）	红契	执照	免税课
9	合同	清乾隆十二年（1747 年）	白契	合同	土地产权、地界的划分
10	执照	清乾隆三十八年（1773 年）	红契	执照	免税杂差
11	典约	清道光十一年（1831 年）	白契	典卖契	土地、院落
12	帖押	清道光十五年（1835 年）	红契	帖押	寺院管理者的任命
13	卖约	清道光二十一年（1841 年）	白契	典卖契	土地、道路
14	卖约	清道光二十三年（1843 年）	白契	典卖契	土地
15	典契	清道光二十四年（1844 年）	白契	典卖契	土地
16	典约	清道光二十六年（1846 年）	白契	典卖契	土地
17	典约	清道光二十七年（1847 年）	白契	典卖契	土地
18	文约	清道光二十九年（1849 年）	白契	典卖契	土地
19	典约	清咸丰二年正月（1852 年）	白契	典卖契	土地
20	典约	清咸丰三年（1853 年）	白契	典卖契	土地
21	典约	清咸丰四年（1854 年）	白契	典卖契	土地
22	文约	清咸丰六年（1856 年）	白契	典卖契	土地
23	典约	清咸丰九年（1859 年）	白契	典卖契	土地
24	典约	清咸丰十一年（1861 年）	白契	典卖契	土地
25	典约	清同治元年三月（1862 年）	白契	典卖契	土地

续表

编号	名称	年代	性质	契约形式	主要内容
26	典约	清同治元年六月（1862年）	白契	典卖契	土地
27	典约	清同治八年（1869年）	白契	典卖契	土地
28	文约	清光绪十三年（1887年）	白契	合同	土地
29	文约	清光绪十八年（1892年）	白契	典卖契	土地
30	分单	清光绪十八年（1892年）	白契	分单	分地
31	合同	清光绪十八年（1892年）	白契	合同	寺院管理者的推选
32	字据	清光绪十九年（1893年）	白契	字据	磨盘归寺院产业
33	文约	清光绪二十一年（1895年）	白契	典卖契	土地
34	文约	清光绪二十二年（1896年）	白契	典卖契	房屋、土地
35	文约	清光绪三十年（1904年）	白契	典卖契	土地
36	卖契	清光绪三十三年（1907年）	白契	典卖契	土地
37	字据	清光绪三十三年（1907年）	白契	字据	推选寺院的管理人员
38	文约	清光绪三十四年（1908年）	白契	典卖契	土地
39	典约	清宣统元年（1909年）	白契	典卖契	土地
40	文约	清宣统元年（1909年）	白契	典卖契	土地
41	卖契	清宣统二年（1910年）	白契	典卖契	土地
42	卖契	清宣统三年（1911年）	白契	典卖契	土地
43	卖契	清宣统三年（1911年）	白契	典卖契	土地

先来看明天启四年（1624 年）的两件文书。此两件文书同为官方所签发的红契，名为"执照"，是明政府为保护僧人土地产权所签发。文书中所涉及的内容为"间井古城地土"，同样涉及间井古城土地的还有《清康熙五十一年合同》。"间井"为岷州城的一城镇，位于岷州城东部，明朝时期岷州规模较大的藏传佛教寺院——拱卜寺就修建于此地，是大崇教寺的属寺之一[1]。但从《清康熙五十一年合同》中得知拱卜寺的修建年代较晚。上述三件文书较为清晰地反映了间井古城土地从明天启四年到康熙五十一年间的流转过程，即此块土地从明天启四年三月的僧人后冬哥手中，到明天启四年十二月转归大崇教寺僧人班就额竹，再到清康熙五十一年的大崇教寺住持后录扎达节兄弟手中，历时近百年，一直归属寺院所有。关于此块土地的来源，《清康熙五十一年分归地土文约》给出了明确的答案：

> 昔年始祖后法王，用价于宣德元年一约内，置买间井常住地名古城田地一分，所有四至东至章大滩水渠为界，南至古城上路为界，西至泥那沟口为界，北至章大滩各河为界。

显然，大智法王班丹扎释早在宣德元年（1426 年）就购置了间井古城土地作为寺产。所以，间井古城土地就一直由大崇教寺的寺主继承作为寺产流传下来，并且在使用上受到朝廷的保护。

再看《清康熙四十四年典契》和《清康熙五十七年典契》。此两件文书涉及的土地为"梅川山嘴塔水地"，此段土地归属于大崇教寺僧人后达节，在清康熙四十四年（1705 年）典于宋启璋耕种，双方并未约定典约到期的时间。但在清康熙五十七年（1718 年）合同中这样写道：

> 今将自己祖置梅川山麓刘家门前塔儿前包家水地半段，四十四年典与梅川住人宋起璋耕种，得到典价廛钱玖千文后，五十七年央凭中人包少魁说合，原典主宋启璋耕种，复添典价廛钱三千文整，前后共典价廛钱壹拾贰千文。

同一块土地，由原来的典价九千文，增加至一万二千文，依旧由宋启璋耕种。显然，《清康熙五十七年典契》是《清康熙四十四年典契》时隔 14 年之后

---

[1]　彭晓静：《甘肃岷县大崇教寺明清契约文书研究》，《青海民族研究》2013 年第 3 期。

的续约，但约定的地价却因时而上涨。另外，同样涉及水地交易的还有《明天启四年的执照》（2件）和《清康熙五十一年合同》，体现的是土地所有权与水权的紧密结合。水资源虽然属于民法意义上的动产，但与其他普通的动产不同，水资源依附于作为不动产的土地。这种依附性主要表现在两个方面：水资源的使用以土地为载体；水资源的流通以土地为载体[1]。

在大崇教寺明清契约文书中，需要特别指出的是《清道光十五年帖押》《清光绪十八年合同》和《清光绪三十三年字据》，这三件文书的内容均为关于寺院领导者的公选，但三件文书的命名并不相同，性质也不同。命名"帖押"的为官方所颁发的红契，而分别冠名为"合同"和"字据"的为民间所签订的白契。除却文书性质不同以外，《清光绪十八年合同》中还为我们提供了一个关于寺院传承方式的信息，文曰：

> 因崇教寺达喇嘛后一世木郎物故，后嗣未继，无人顶补，其缺空悬，一切各公并佛事无人应理，央请绅耆王举人、老民李千长、亲眷郎四辈有等从中说合，情愿将户内后跟换暂行顶补，充当崇教寺达喇嘛一名管理佛事，以应公务。凡有本寺及一切各公，该纳巴后跟换面同商议，不得自专，若日后后禄儿生育后嗣，长大成人，部分年限远近，该纳巴后跟换以（依）旧让位顶补，不得擅行自传其嗣。自立凭据之后，如有后姓（禄儿）户内诸人异言者，不干后跟换之事，有后禄儿一面承揽。恐后人心不古，立此合同字据为凭，存照用。

从以上引文中可见，由于大崇教寺寺主的去世，而其子嗣并未继承寺主之位，导致寺院的领导者职位空缺，无人管理佛事。只能以绅耆、老民、亲眷等共同推举暂时的寺院领导者，而日后若直系的后代愿意出任寺主之职，临时的领导者需依旧让位顶补。作为岷州地区的政教望族，后氏家族一向热衷于佛教寺院的修建。大崇教寺所存《西天佛子源流录》有载元代自定而迦以下，"数辈之中，共建佛寺足一百八"[2]。大崇教寺的创建者班丹扎释也继承了这一家族传统。文中所述此时寺院所秉承的传承方式也应该为子承父业，家族继承。但在此时这种传承方式并未按照严格意义上的继承传统执行，而是本着利于寺院

---

[1] 龚春霞：《乡村振兴背景下水权与地权关系的历史流变及反思》，《山东大学学报》2018年第5期。
[2] 杜常顺：《明代岷州后氏家族与大崇教寺》，《青海民族研究》2011年第1期。

发展的方式进行，但其家族性寺院的性质并未发生改变，保持了寺院的正统性。在此件文书的最后以红字书写"批准其暂行顶补，以应公事并佛事。此判"字样，应为官方的认可，是为了增加其法律的效力，但并未注明印章和签名。

遍检43件明清时期大崇教寺文书发现，在涉及土地交易的文书中，有27件文书中提到是"因为使用不便"才将土地进行典卖，占半数以上。在所有的典约土地中采用"活典"的方式，即"自典之后，不分年深远近，有钱抽赎，无钱依旧耕种"。这也符合明清以来的律例，即典可赎也，而卖不可赎。对于土地来说，从民法学角度来看，一个人可以拥有一块土地上的所有权利，当然这一权利中的不同权利亦可由不同的人拥有，罗马法上的用益物权，英美法上的财产信托，即属此类[1]。这种权利可以分为占有权、使用权、收益权以及处分权等，这四项权能可以为一人所有，也可以分别为不同人所有，不同主体可以拥有同一土地的不同权利。

通过对明清大崇教寺文献内容的分析，可以看出，国家对土地权的控制也在减弱，土地逐渐转移到地主、贵族乃至普通百姓手中。土地买卖双方、土地所有者与承租人关系的确定、个人依存度以及经济外部的强制作用明显削弱。封建雇佣关系明显地逐渐解体，自由贸易形式开始形成。

第三节　明清时期契约文书所展现的区域经济特点

据《读史方舆纪要》记载："卫东连秦陇，西达河湟，北阻临巩，南控阶文，虽僻在一隅，而道路四通，一纵一横，未易当也，岂惟形援河洮，为西偏之翼弊而已哉。"[2]可见岷州卫在西北地理历史上位置的重要。随着明代岷州藏传佛教的兴盛，在明政府对藏传佛教各派实行"多封众建"的政策下，近边番僧络绎往来于进贡中央的途中。一方面，朝廷的赏赐增强了寺院的经济实力，另一方面，当地人民的经济生活得到了极大的改善。清朝岷州藏传佛教由兴盛走向衰落，在民变战乱等侵扰下，土地在这一时期被频繁交易，流转频率较快，往

---

[1]　赵晓力：《中国近代农村土地交易中的契约、习惯与国家法》，《北大法律评论》第1卷第2辑，法律出版社，1999年。

[2]　[清]顾祖禹撰，贺次君、施和金点校：《读史方舆纪要》第六十卷，中华书局，2005年，第2896页。

往不及数年而易其主。这也是岷州大崇教寺文书形成最主要的原因之一。

传统社会"土地转移的规模，通常情况下却是零星的、小规模的，土地兼并的过程也是缓慢的、渐进的"[1]。就现在所搜集到的岷州地区的契约文书来看，绝大多数都是小额的交易，土地一段或二段、水磨二轮或是厂房四间等等。大崇教寺的土地流转可分为两种方式，横向的流转主要是典、卖，纵向的流转则表现为分家析产。前者明显多于后者。

分家文书，在大崇教寺明清文书中仅有一例。通过分家这种方式，家庭财产实现纵向流动。以《清光绪十八年分单》为例：

立写分单

文字人：后门张氏

所生二子，长大成人，因为争让不合，分房合（各）坐，将田羊地产各样均分，□□执手一张分居。子（籽）下地一斗五升；河底下，下地二斗；出射地一斗五升；滩滩上，下地三斗；夕路上，地一斗五升。分上房土棚四间，西房三间，园子一所，西面长（场）半所，碌朱（碡）半所，靠西首草房地基二间，拔牛钱拾串文，大红桂（柜）一个，大甫（铺）桂（柜）一个，小纲（缸）一个，大覃（坛）子一个，门箱一个。恐后无凭，立此分单为据。

这份分单很详细地体现出了均分制在实践中的应用。通过这种方式，张氏二子均分了包括土地、房产、柜缸坛箱等所有生产和生活资料。原本集中的土地又被分散出去，从而制约了土地的过分集中。

有意思的是，成书于清乾隆四十四年（1799年）《后氏家谱》中除了对后氏世系的记载之外，还有一项重要的内容，即关于后泰家的财产分割记录。

陕西等处提刑案察司副使吴，为图占家财、邀截实封、谋杀人命等事。据巩昌府牒呈，据经司呈抄：蒙巡按陕西监察御史张□案验，案照先年奉都察院巡按甘肃九百九十四号勘合，札付前事，备仰转行本职。即拘都指挥后泰家属到官，照依后项开去未分家财、田产、房屋，并本卫收贮金银器皿等物，拘同李氏、陈氏、后述、后逊、后暹、后迪、后

---

[1] 夏明方：《民国时期自然灾害与乡村社会》，中华书局，2000年，第223页。

达并男后轨，及已故后达妻陈氏，照数搭配均匀，写立合同分书，给予个人收掌为业。仍仰本卫经历司出给印信下帖，永远为照。及于本官家属，迅取原占陈领占等田产，并递年所得花利，及各主陪那过税粮，验收给领，明白通取，个人收领，及不敢再相侵夺，重甘结状缴报等因，备蒙具呈到职。行据岷州卫经历司申解都指挥后泰下家属后永、僧人后完卜即、后进并李氏、后逊、陈领占等前成议分间，随据包氏告"已故都指挥使后能妾，有夫存日所生女七姐，见年一十七岁，未曾出嫁。今蒙分断家财，除嫡男都指挥后[泰]外，其后通等母杨氏、舆氏所生男女，俱是庶出，家财应合有分，告乞均分一分出嫁"等情，行仰指挥促罗绮是实，拘同后逊、后暹、后水、李氏、陈氏等，当官议定，除后遵妻陈氏、后达妻陈氏俱无所出，及七姐止多分与金银，并房屋住坐养膳出嫁外，嫡长都指挥后泰，系是土官，不支俸给，另分与水磨一座，庄田三处折分，并都司公廨四十间，不在均之数，及不分受金银椅桌等项外，其房屋，嫡长后泰与母包氏共住一十二间，余外房屋、庄田、园圃、水磨等项，俱各搭配均分，给领管业间，成化九年十二月初三日，蒙巡按陕西监察御史□按临岷州，有后遵妻陈氏，又赴院告要庄田。今蒙本院分付，与嫡长都指挥后泰折分田庄三处分，坐落剒麻一处，暂且拨与耕种，不许典卖。候陈氏提后如有改嫁、疾病故等项，其剒麻庄田听后泰。当官写立合同分书，一样十本，给付个人收拾，永远为照。须指出给者。

计开：

都指挥后泰：折[俸]水磨一盘，坐落南前寺；庄田三处：清水沟一处，铁门里一处，剒麻一处。

均分：水磨一盘，坐落东门外桥旁；庄田三处：西川一处，马坞一处，杀贼桥一处；园圃一处，本家宅后；房屋一十二间，与母包氏共住。

后通：水磨一盘，坐落东门外城东北；庄田三处：桌儿坪一处，答龙川一处，西川日搭儿一处；园圃一处，岷山驿后；房屋七间；金一两，银十五钱；桌子一张。

后达：水磨一盘，坐落东门外南城角；庄田三处：马崖子一处，骆驼巷一处，园圃一处，坐落二郎山庙下；房屋七间；金一两，银十两五钱；桌子一张。

后进：水磨一盘，坐落东门外南城角；庄田三处：茶埠峪一处，教厂旁一处，梅川一处；房屋七间；金一两，银十两五钱；桌子一张。

后暹：水磨一盘，坐落南川大庄上旁大路；庄田三处：纸房一处，申都一处，七十里一处；园圃一处，坐落宕昌进山；房七间；金一两，银十两五钱；桌一张，椅子一张。

后逊：水磨一盘，坐落南川东旁近叠藏河；庄田三处：马哇一处，哈塔川一处，打船坝一处；园圃一处，坐落打船坝；房屋七间；金一两，银十两五钱；桌子一张，椅子一张。

后遵：妻陈氏暂且耕种庄田：刳麻一处；金一两五钱，银二十二两五钱；房屋七间，桌子一张。

后迪：水磨一盘，坐落东城北近煖水；庄田三处，叠麻一处，闾井一处，三族一处；园圃一处，坐落南门外近城；房屋七间；金一两，银十两五钱；桌子一张，椅子一张。

后远：妻陈氏，金一两，银二十二两五钱，房屋七间；桌子一张。

后述：水磨一盘，坐落近教厂旁，因无磨房，后进等帮修助益银三两五钱；庄田三处：铁城一处，坎儿他一处，宕昌一处；园圃一处，坐落宕昌近河旁；房屋七间；金一两，银十两五钱；桌子一张，椅子一张。

包氏：系七姐母，都指挥使后能公妾，金八钱五分，银六两七钱，白罗衫一件[1]。

后泰其人，据《家谱》记载："后泰，即能之子，系朵儿只班曾孙，世系岷州指挥使。成化五年，征剿羌叛有功，升陕西都指挥佥事。奉敕守备岷州，后病故。"[2]这份分家析产的记录就是后泰的儿子后永与后能的儿子之间因为争夺家产而闹出人命官司，由官府出面干涉将家产进行分割。从记录内容上看，这次分家并不是在家族内部完成的，而是通过陕西监察御史所办理，所以，此记录单具备了清朝官府文书下行文的主要特征。按明清两代的文书程式规定，

[1] 张润平、苏航、罗焰编著：《西天佛子源流录——文献与初步研究》，中国社会科学出版社，2012年，第201～203页。
[2] 张润平、苏航、罗焰编著：《西天佛子源流录——文献与初步研究》，中国社会科学出版社，2012年，第207页。

在开头部分先列出文件责任者的官衔，下行文和平行文只写姓。事由一般是用一句短语说明行文目的，略似现代的文件标题，程式作"为某事"，"须至某某者"用以说明使用某某文种行文，主要在于表示内容部分到此全部结束。在这里文件的责任者谓"陕西等处提刑案察司副使吴"，事由是"为图占家财、邀截实封、谋杀人命等事"。而且更具体的指出是"据巩昌府牒呈，据经司呈抄：蒙巡按陕西监察御史张□案验，案照先年奉都察院巡按甘肃九百九十四号勘合，札付前事，备仰转行本职"才处理此事的。结尾是"须指出给者"。这里其中巩昌府的"牒呈"和经司"呈抄（状）"均是上行文所用文书的名称。很明显这份分家记录具有"红契"的性质，但并无官印。所以，推测这份财产分割记录单是被手抄写入家谱之中的。

后氏家族在岷州地区可谓名门望族，至后能时期更是显赫一时。后能共有子10人，人丁十分兴旺。正是因为儿子众多，也成为家族纠纷的主要原因。整个《家谱》的内容不足七千字，此份家产分割记录的判决书竟占据了近四分之一的内容。之所以出现这样的现象，或是因为在编修家谱的时候，可以参考依据的资料很少。除此之外，无疑这一事件对于后氏家族有着重要的影响。那么问题是，后氏家族自唐至明，历经几百年的发展，家族的管理是有系统的规矩的，可为何诉诸官府呢？一个原因在于，后氏庞大的家产分割存在难度，从记录的内容我们可以看到其家产种类的丰富，包括水磨、庄田、园圃、金银、桌椅等。除此之外，后氏家产分布范围广，可以说是遍布岷州卫所管辖的各个重要的地方。其庄田、园圃、水磨和房屋的分布区域东至马坞、南至宕昌城，西至西寨，北至铁城。而更重要的原因是此时汉族文化中的家庭伦理观念已经深入到岷州当地番族的生活之中。这种汉化的过程其实自明太祖朱元璋赐朵儿只班"后"姓时就已经开始了，后氏族人从此也全部用汉语取名。这一显而易见的标志，也直接导致了清朝后期的后氏宗族之中没有表现出很强烈的宗教信仰。于是在家谱出现的多是"宦族"与"功次"，对于家族更具有影响意义的藏传佛教人和事，也仅仅是节选了《西天佛子源流录》中有关班丹扎释的一段内容。家谱是民间私下传承记录的文献，可以在官书要典中所忽视的领域里，比较真实地保存下来那些属于社会基层的历史与文化变迁的轨迹。这种轨迹恰恰与王朝政治的更替及伦理道德，共同构建了中华民族历史与文化的整体面貌[1]。

　　契约文书本身就是民众社会交往、交易的凭证，具有法律的功能，时人曾有云："民间产业，其祖遗者，自有先世置买文契并祖父分书为据。若新置者，自有卖主契、中证画押为据。此乃天下之通例也。"[2] 也就是说，尽管是民间私人的协议，却因为在日常生活中具有无可取代的功能，乃至现代政府亦无法抹杀它们的合法性[3]。土地的横向流转主要表现为土地交易，这便涉及个人的产权问题。一般认为，传统社会个人财产受到了国家、乡族的干涉[4]。国家对个人产权的干涉在明清时期大崇教寺文书中更多的是以红契的形式来体现。《明天启四年执照》和《明崇祯五年执照》即为此类契约。特别是在《明崇祯五年执照》中表现得更为充分。

　　　　巩昌府抚民厅为祈天寻讨执照，以防后患事。

　　　　据大崇教寺僧人旦巴扎石边就登□□□□告增本寺常住地土，拘唤
　　干证，查审各僧，凭中乡民包清何等讲和明白，其曾汝江所占僧地，照
　　地名束卜山、柏林中嘴山地，断明归僧。据旦巴扎石告讨执照，以后在
　　（再）不许横占。为此，仰各僧收执，若有朱迷南林竹寺侵占僧地，执
　　照赴告，以凭究拿，本僧不许别生事端，查出并究，须至照。

　　　　　　　　　　　　　　　　　　　　　　　右照给大崇教寺僧人

崇祯五年三月初八日

　　很显然，这是一份巩昌府抚民厅颁发给大崇教寺僧人旦巴扎石的执照。对于属于大崇教寺僧人的土地产权给予了官方的认定和保护，并以执照的方式固定下来。文书开头立契理由"为祈天寻讨执照"中的"祈天"带有祈求上天保卫护佑寺院的意思，是当时政府对于大崇教寺这座皇家资助寺院的尊重，也为了证明此契约的合法性和有效性。另外，此件文书中还反映的另一个史实，即大崇教寺的土地被乡民所占有。出现这种现象的原因在于藏传佛教在明朝的后

[1] 陈支平、赵庆华：《中国历史与文化研究中民间文献使用问题反思》，《云南师范大学学报》2018年第4期。
[2] 李渔：《资治新书二集》卷七《民事三·丈量》，康熙刊本，第17页。
[3] 王云红：《传统契约文书与中国人的契约观念》，《学术探索》2017年第5期。
[4] 郝平：《晚晴民国晋中地区社会经济生活初探——基于晋中地区契约文书的考察》，《山西大学学报》2014年第4期。

期已现衰落之势，虽然仍会受到政府的庇护，但同建立初期的皇家寺院所受到的礼遇已不可同日而语。

自中唐以后中国内地设置的县级行政所总数增加甚少，且政府效率长期下降、基层行政中心职能一代比一代缩减[1]。这种基层行政功能的减弱使得整个岷州地区社会经济实体只能靠家族、宗族或是乡绅来主持，这种以"互相辅助和自卫为目的的宗族结合"[2]在一定程度上实现该地区的秩序性和稳定性。乡族对个人产权的干涉在明清时期大崇教寺契约文书中体现得较为明显，主要表现为大量中人的参与。中人是历代土地契约中重要的参与人，在契约关系中扮演着说合人、见证人、保人和调处人的角色[3]。中人在契约中的存在，使当事人双方对认真履行契约义务有一种责任感。中人在契约过程中发挥的功能也形成了对土地买卖的一种心理强制。如此，契约就不仅是一个文本，更是一个过程，在这样一个过程中，中人是始终参与的，他的责任不仅仅是帮助缔结契约，还要准备对日后有关这一契约发生的所有问题负责。所以，每件文书末尾所必备的类似于"或有方（房）亲户内曾（争）言者，由地主壹面承当，不干钱主之事"等言辞，这便是出典人要承担的权利纠纷排除义务。此类文书在明清时期大崇教寺文书中存14例。仅以《清光绪三十三年卖契》为例：

立写吉卖山地土

立约人：沈跟云

因为使用不便，今将自己的祖遗，由路平里山地壹段，下籽贰斗，虽代的前坡里山地贰段，东至刘姓地为界，南至本业为界，西至后姓地为界，北至小路林姓地为界。四至分明，各有交界。央请中人沈本姓存说合，问到情愿，卖于三族里后心成明（名）下为业耕种，当日地主对中人得受卖家大钱壹仟三佰文整。当日钱约两交，并无欠少。自卖至（之）后，或有方（房）亲户内曾（争）言者，有地主壹面承当，不干钱主之事。恐后无凭，立此卖约为证。

光绪卅三年十二月十四日

---

[1] 参见施坚雅主编，叶庭光等译：《中华帝国晚期的城市》，中华书局，2000年，第19页。

[2] 中岛乐章著，郭万平、高飞译：《明代乡村纠纷与秩序》，江苏人民出版社，1998年，第167页。

[3] 陈胜强、王佳红：《中人在清代土地绝卖契约中的功能——兼与现代相关概念的比较研究》，《法律文化研究》第六辑，中国人民大学出版社，2011年。

中人：沈本姓存

立约人：沈跟云

遇书人：李焕春

从这件文书中可以看出，沈跟云将自己祖遗的土地在中人沈本姓存的协调下，卖于后心成耕种。在钱约两交的情况下，约定房亲户内若要发生纠葛由地主承当，不干钱主之事。虽不是家族成员的直接参与，但乡族的干涉是实实在在存在的。更为重要的是，一旦发生纠纷，他们首先会选择的方式是达成私下的和解，而不是依靠司法体系的强制解决。一般在族众的协调下能够得到圆满解决。如《清乾隆十二年合同》：

立写断札合同

文字人：众僧

因为陈家寺院前山有祝应海等开耕，有众僧央令包士德等与二家言说，两家情愿，原通中人与两家言明，原系祝应海靠南长山短嘴为界，西靠众僧熟地为界，北亭流湾道为界。因寺院前山丢荒，同中人立石定界。乞海在（再）不迈界。如海迈界，罚舍仓粮大豆五石。如众僧租与别人，众僧罚大豆五石。各赴舍仓完纳。自立石定界，断札永无争端。

合同二张，各执一张为凭，存照用。封

乾隆十二年八月十四日

寺主：长擅包罗汉

首僧：杨和尚

立断札合同人：祝应海 同子朝辅

兑同中人：包士德、樊文焕、樊宗圣、石生成笔书

如合同中所言，陈家寺寺僧与祝应海等因为土地地界发生争执，在中人的说和下选择和解，且彼此服膺。这类约定更多存在民国时期的大崇教寺文书中，乡规民约无疑发挥着重要的作用，民间法的稳定性在一定程度上维持契约社会的秩序。而中人以教育或是说服的方式强化当地人遵守一定的行为规范，由此来整合人们的行为方式和社会关系。从某种意义上来说，传统契约超越了法律的功能，更具有道德性和伦理性，也正是由于民众以这种伦理道德观念为依据，互信为前提，来维持经济社会的持续发展。

除传统的习俗外，对民众起威慑作用还有善恶有报的这种报应思想规范原则，使得他们相信"鬼神也监视着所有种类的契约，他们拒绝监护强制性的或非道德的契约。因此，道德的合法性，具体地受到泛灵论的保证，而不是作为一种共同习性得到保证"[1]。来看《清光绪十九年字据》：

> 立字据人：后禄儿
>
> 因将本寺旧业上下康家磨及菜檐磨三盘被余卖于龙姓后，经代理达喇嘛后跟换出头干涉，将死作活，亦为有功佛家。今对邑绅王举人等，将上下康家磨以后准为佛门公业，由余后代管理，将菜檐磨准给后跟换管业，生为伊业，死后由伊后代僧人管理，不干公众之事，亦不准占为俗业，更不准出卖他人。至于本磨先典后卖之价，由后跟换负担交赎。恐后无凭，立此字据为证。
>
> 光绪十九年二月初一日
>
> 中人：王举人、樊崇德、李千长
>
> 立字据人：后禄儿
>
> 代书人：包文安

显然，这是一份在信仰原则指导下的对于寺院财产归属的字据文书。本来对于经济生活中最平常的一件交易，被冠以"有功佛家"的性质，并在乡绅中人的见证下，以契约的形式将财产所有权确定下来。而在民国时期的大崇教寺文书中信仰原则的体现则更为明显，如两件《民国六年字据》中"立字据人曾曾奎等因为私开崇教寺神山地界……""立字据人王出庄有、汤朝奎、后老三等因为私开崇教寺神山地界……"及两件《民国九年字据》中的"立字据人包四哥、张老三、张潘家代等因为私开崇教寺神山地界累遭不祥……""立字据人后老三、后牛年成因为新开崇教寺神山地界累遭不祥……"等等显示契约订立的原因就是诉诸于是对神灵的冒犯。在这样的意识影响下，民众便会自觉地规范自己的行为，尽量不去触怒神明，才能够给予社会威严有力的正义和邪恶的评判标准。这样，寺院的土地财产就得到了切实的保障。

土地所有权所具有的相对独立性从一个层面反映出中国传统社会经济有一

---

[1] 马克斯·韦伯著，冯天富译：《儒教与道教》，江苏人民出版社，2008年，第177～178页。

定的"自由度",这也是传统城镇得以勃兴的基础[1]。从岷县现存的大崇教寺
契约文书中,我们可以清楚看到存在着大量土地被交易的事实。在此时社会经
济交往中,民众的经济意识无疑在逐渐增强,民众彼此之间也很好地遵守了契
约的规范,构筑了一个以道德伦理为支撑的协商社会。并且由于血缘、地缘和
神灵相结合,实现了经济秩序的良好运行,这或可看作是礼制维系之下的伦理
经济现象。道德和伦理为岷州地区民众的社会经济生活提供了基本的行为指南
与价值评判的标准,成为维持社会特别是村落秩序的重要力量。但大量岷州大
崇教寺的契约文书也表明,其周围民众有鲜明的个体理性和自觉性,有鲜明的
契约意识,所以才会有契约使用的广泛性,特别是强调契约主体的适用性,在
许多情况下虽父子兄弟亦不能例外。因此,在社会秩序的维系上最具关键意义
的无疑还是契约。

　　契约文书作为一种法律文书,是社会现实中的占有关系的法的表现,是一
定产权关系与产权形式的反映。不同地区不同时代的契约文书也各有自己的特
点,也是由于这些差异的存在,使得契约文书的研究更加丰富。

　　岷州地区地理位置特殊,又因大崇教寺在此独特的地位,于是记录寺院主
体与其他社会群体之间经济往来的契约文书有着特殊的研究价值。明清时期大
崇教寺的契约文书主要集中在大崇教寺和整个岷州社会的经济活动上,从多个
方面揭示了岷州寺院的历史、文化、政治、继承制度和经济状况。从契约文书
中也可以看出,僧人个人财产的来源是多种多样的,或是继承的,或是个人置
买。处理个人财产也较为自由,有的不受寺院的限制,与世俗的私人财产没有
区别。岷州大崇教寺寺院的运行与地区经济发展和政治形势密切相关。而明政
府对岷州藏传佛教的推崇,为大崇教寺发展创造了很多有利的条件。所以,岷
州藏传佛教是政策性的兴盛[2]。

　　从上文对各类明清时期大崇教寺文书中红契、白契所占的比例来看,白契
数量多于红契。红契的实行,体现了明清政府为了加强对土地管理的意愿。但
大量白契的通行,也说明明清政府对土地买卖控制力的减弱。这种大量存在的

---

[1] 马学强:《民间执业全以契券为凭——从契约层面考察清代江南土地产权情况》,《史林》2001年
　　第1期。
[2] 彭晓静:《甘肃岷县大崇教寺明清契约文书研究》,《青海民族研究》2013年第3期。

无官钤的契约文书，与明清时期特别是清代和民国时期官府对白契的有效力的承认有关。但其法律效力明显比官方所颁发的红契要低。那么，人们选择在经济交往中使用这种法律效力较低的白契，原因何在？事实上，在明清时期大崇教寺文献中，白契和红契在形式和内容上都体现了国家干预与多元伦理道德的交织监督。也就是说，在所有制关系的演变过程中，不时会受到超经济因素诸如强权政治、家族、宗族力量及信仰原则的干扰。但总的来说，在传统的中国社会中，无论是在官方法令和民间习俗，对于契约文书所规范的内容，在一般社会状态下还是受到遵守和认可的，这对于一个社会的稳定和经济秩序的维护起着重要的作用。

岷州后氏家族与明朝社会

在明朝统治者的大力扶持下，河、湟、洮、岷地方藏传佛教寺院数量大幅增长，佛教僧团势力也随之得到扩展。而这些寺院大多由地方世家大族所掌控，具有明显的家族化特征。明廷本着"因俗而治"的原则，在僧团中推行世袭僧职制度，授予藏传佛教上层僧人大国师、国师、禅师都纲、喇嘛等名号。岷州后氏家族为唐代吐蕃军将裔脉，元代即为当地政教望族，明代后氏为岷州卫世袭土官。班丹扎释所创大崇教寺，即属后氏家族的家族性藏传佛教寺院。甘肃省定西市岷县博物馆所藏明代象牙印便是"给以印诰"的实物呈现。由此揭开大崇教寺这个由岷州后氏家族所主导的家族性寺院，在明代沟通中央与地方政教关系以及汉藏文化交流的特殊作用。

第一节　明代僧印的特点

2009 年，甘肃省定西市岷县博物馆收集了一方明代象牙印章，经甘肃省文物鉴定委员会鉴定为明代狮子纽象牙印章。此印造型精美，保存完整，雕刻较为精细，具有很高的艺术价值和历史价值。这方狮纽象牙印的发现，不仅印证了一些史料记载，而且见证了明朝中央政府的民族和宗教政策，也是民族团结和谐的象征。这方明代象牙印，也是大崇教寺所遗存的珍贵文物之一，为明代高僧所使用的印信。此印是从岷县大崇教寺僧人后人手中征集而来，对于研究岷州后氏家族与明朝的民族关系，以及岷州地区藏传佛教发展都具有重要的参考价值，特此考述如下。

明代僧印数量相对较少，尤其是象牙印章较为罕见，甘肃省内收藏的象牙印章仅为两方，而散落在民间的则更为罕见（表四）。

表四　部分馆藏明代僧印统计简表

名称	尺寸	质地	印纽	附属装饰	收藏单位
明洪武灌顶国师印	高 9 厘米，边长 10.2 厘米	玉	螭纽	无	西藏自治区博物馆
明灌顶国师阐化王印	高 9.3 厘米，边长 10 厘米	象牙	螭纽	莲瓣纹、卷草纹，饰宝石	西藏自治区博物馆
明灌顶国师之印	高 10 厘米，边长 12.8 厘米	象牙嵌木	卧狮纽	无	西藏自治区博物馆
明万历朵儿只唱图记印	高 6.1 厘米，边长 5.2 厘米	象牙	卧狮纽	无	西藏自治区博物馆
明正统灌顶净觉佑善大国师印	高 7.65 厘米，边长 5.25 厘米	象牙	蹲狮纽	无	甘肃岷县博物馆
明景泰灌顶净觉佑善国师西天佛子印	高 12 厘米，边长 6.9 厘米	象牙	法轮纽	覆斗形莲瓣须弥座，象头云水纹	甘肃岷县博物馆
明宣德庄严妙相印	高 6.5 厘米，边长 4.2 厘米	象牙	法轮纽	仰覆莲瓣座	甘肃省博物馆

续表

名称	尺寸	质地	印纽	附属装饰	收藏单位
明永乐妙缘清净印	高 7 厘米，边长 4.3 厘米	象牙	法轮纽	仰覆莲瓣座	青海乐都县文管会
明宣德真修无碍印	高 6.6 厘米，边长 4.2 厘米	象牙	法轮纽	仰覆莲瓣座	青海乐都县文管会
明戒定善悟灌顶国师印	高 9.1 厘米，边长 9.5 厘米	银质镀金	如意纽	无	西藏自治区博物馆
明灌顶广善慈济国师印	高 9 厘米，边长 9.5 厘米	银质镀金	如意纽	无	西藏自治区博物馆
明弘慈妙觉灌顶大国师印	高 6.1 厘米，边长 9.5 厘米	银质镀金	如意纽	无	西藏自治区博物馆

官印是表明官员身份和行使权力的凭证，历朝历代对官印都非常重视。据《明史·舆服志》载"洪武初铸印局铸中外诸司印信：正一品银印……六部、都察院并在外各都司，俱正二品，银印……其余正二品从二品官，银印……其余正三品、从三品官，俱铜印"[1]。明人王世贞亦论曰："古王公列侯皆金印，丞相将军亦金印。今法亲王金宝，一、二品银印，余皆铜印。"[2] 从明制上看，明中前期除皇帝用印质地为金玉，皇室成员、属国首领用印为金或银质镀金外，朝廷中一、二品官员为银印，三品以下官员俱为铜印。明代百官中不用金印，"是为了体现皇家的贵重高不可攀，故意与臣下拉开差距，这正是皇权专制使然"[3]。明代官印大都为直纽，椭圆柱形，上细下粗，体势较长，无穿，亦无装饰物，非常朴素。例外者有二：一为将军印，制为虎纽，别于他官，可能以示军队威风凛凛勇猛无敌之意；二为监察御史之印，其虽是直纽但有穿，这可能是因为御史时常在外巡访，有印绶栓系便于携带之故。其他特殊用印的还有皇帝的龙纽（以示真龙天子之意）、皇室成员的龟纽（以示皇恩长久之意）、属国首领的驼纽（以示任重道远之意）等。

明代在岷州地区设立了番僧纲司来管理藏传佛教寺院、僧侣和一些属于寺

---

[1] 《明史·舆服四》卷六八，中华书局，1987年，第1661页。

[2] [明]王世贞撰：《弇州四部稿》卷一百六十四，四库本。

[3] 张金梁：《明代朝廷玺印研究》，《中国历史文物》2008年第5期。

院的部落，招中茶马。《岷州志》卷三《舆地下》记载：明成化年，岷州番僧班丹扎释被封为宏济光教大国师，并领僧纲司都纲之职。清顺治"十七年，提准岷州卫二十六寺内圆觉寺、大崇教寺番僧后只即丹子，缴明时所给诰命一道，敕书二十一道，肃谨戒行，图书一方，换给敕书一道，铜印一颗，授为护印僧纲司，命钤束岷州各寺番僧"。岷州藏传佛教僧官中最重要的即是后只即丹子一系，从其祖父后缘竹尖挫，到其亲侄首徒后丹子达节，再到后尖采宁卜，一直承袭着法王称号。其中的"护印"一词彰显了藏传佛教僧纲司印信的重要性。乾隆十四年（1749年），乾隆帝敕元信、超盛等汉传佛教僧人银印时指出："其娄近垣、元信、超盛三银印，系雍正年间并敕谕一同颁发，乃赐给本人，不过图章之类，非外藩喇嘛传授承用印信可比。无庸改铸，亦无庸撤回，应俟本人身后，缴部销毁。"[1] 此印虽无特权用途，而带有皇帝礼遇的象征性，可知雍正帝对他们三人的特殊优遇。这反过来也说明了藏传佛教僧印的重要作用。

从行政管理的角度来讲，僧侣无地土可辖、无政务可理，按制无印章。但明朝前期因政治需要，明廷大力扶持藏传佛教、封授上层僧侣，但凡有法王、西天佛子、大国师（一般秩四品）名号的藏族僧人，基本由朝廷颁赐金印。受到破格优待的仅有帕竹派首领释迦坚赞，其于明洪武五年（1372年）受赐玉印；国师（一般秩五品）、禅师（一般秩六品）、都纲、喇嘛等颁赐银印或镀金银印，这些印章质地的规格皆超过同品级官员的待遇。明廷颁赐的僧印类似爵印，因是官方颁发亦可看为是官印的一种。但《明史·舆服志》《大明会典·印信制度》中未见有赐藏族僧人象牙质印的记载。中原之地不产象牙，内地的象牙基本来自于南方的属国进贡，因此在数量上更显得弥足珍贵。《明史·舆服志》中曾记载"文武大臣有领敕而权重者，或给以铜关防，……惟正德时张永征安化王，用金铸。嘉靖中顾鼎臣居守，用牙镂关防，皆特赐也"[2]。从这段记载中我们可以看出，在治印上象牙同金一样贵重，远胜于银、铜等材质。象牙为大象身上最坚固的部分，其质地坚实细密，其色泽光洁如玉，堪与宝玉石媲美，故而又有"有机宝石"之美誉。大象为佛教圣物七珍八宝中的七珍之一。象由于其体大，个性温和，为佛教所推崇。《正法念处经》卷二云："彼象调顺，以一

[1]　《清高宗实录》卷三三八，乾隆十四年夏四月庚寅条。
[2]　《明史·舆服四》卷六八，中华书局，1987年，第1662页。

线延，系因牵行。若转轮王来行之时，彼象调顺，与王心同。若转轮王欲何处行，则不须教速至彼处，平心均行，不震不掉，行步详审，身不动摆，次第举足，不踯不骤，亦不怒力。"此外，象宝功德有七种，并以白色大象为上，白象宝表示佛法力大无比，其有六牙，表示"六度"，四足象征"四如意"，在佛经中经常出现。如佛陀诞生前，佛母摩耶夫人梦到白象以鼻触其身体而感孕。因此象牙在佛教中被赋予了许多美好的想象和寓意，如给人以高贵、灵气之感，以象牙修金刚、降魔法等具有更大的辟邪、修行加持力。于是，象牙就象征着崇高而神圣的地位。

再说到此方狮纽象牙印，印面文字中有僧人封号"灌顶净觉佑善大国师"（图五八～六一）。与岷县博物馆馆藏另一方明代"灌顶净觉佑善国师西天佛子"象牙印的名号基本一致，只是"大国师"与"西天佛子"的等级称号有所区别。按《明实录·英宗实录》第十七卷正统元年五月丁丑条记载，自宣德朝以来，"番僧数等，曰大慈法王，曰西天佛子，曰大国师，曰国师，曰禅师，曰都纲，曰剌麻，俱系光禄寺支待"[1]，可知"大国师"低"西天佛子"一等级。遍查《明实录》，受封此"净觉佑善"名号的仅有甘肃岷州地区沙加一人。根据《明实录·英宗实录》第一二六卷正统十年二月乙巳条记载"加封国师沙加为灌顶净觉佑善大国师，禅师班卓儿藏卜为清心戒行国师，锁南藏卜为弘慈广善国师，俱赐诰命"[2]，可推知该印的制作年代为明代正统十年（1445 年）。此方象牙印应为沙加受封西天佛子前而使用的印信。"灌顶净觉佑善国师西天佛子"象牙印为景泰四年（1453 年）明代宗颁赐甘肃岷州大崇教寺僧人沙加的印信。

此印为狮纽，狮子在佛教中也具有特殊的宗教含义。自佛教传入中国后，狮子逐渐取代了虎的地位而成为佛教中的圣兽，诸佛经中每以狮子来比喻如来无畏之特征。以狮子为持物，具有强大的加持力，其护法作用能驱祟辟邪，镇阻一切邪魔妖怪。故明代宗颁赐沙加狮纽印是对其在维护岷州地区地方稳定的嘉赏，也是对其宗教地位的认可。在明宣宗、英宗时期，明廷与岷州藏传佛教僧侣关系密切，由于沙加取得的政治功绩和在宗教上的修为，在其晋升大国师和西天佛子时特赐象牙质地的僧印，也显示了明廷对其特殊的礼遇。

---

[1]　《明实录·英宗实录》，北京大学图书馆版本，第333页。

[2]　《明实录·英宗实录》，北京大学图书馆版本，第2511页。

图五八　明代灌顶净觉佑善大国师印（正面）　　　图五九　明代灌顶净觉佑善大国师印（左侧面）

图六〇　明代灌顶净觉佑善大国师印（印面）　　　图六一　明代灌顶净觉佑善大国师印印文

第二节　关于受印人沙加

　　按《安多政教史》所载，沙加，生年不详，卒于明弘治十四年（1501年），为甘肃岷州洮河人氏，全名叫释迦巴藏卜（shvakya dpal-bzang-po）。沙加曾是班藏寺（dpal-tsang-si，亦称曲宗班乔寺）的僧人，曾任过岷州曲德寺·隆主德庆林（chos-sde-dgon/lhun-grub-bde-chen-gling，汉名为大崇教寺，俗称东寺）的堪布。传说"彼幼小时，被大明永乐皇帝收养为义子，送于哈立麻得银协巴（de-bzhin gshegs-pa，1384～1415年）"[1]。据史籍推算，应是明永乐四年

---

[1]　智观巴·贡却乎丹巴绕吉著，吴均、毛继祖、马世林译：《安多政教史》，甘肃民族出版社，1989年，第646页。

（1406年）哈立麻得银协巴前往南京朝觐明太宗朱棣时，朱棣把他送于得银协巴座下学习。吴均先生认为，他与班藏寺的创建者、大智法王班丹扎释的经师仲钦·班丹嘉措（drung-chen-dpal-ldan-rgya-mtsho-ba）关系密切，仲钦·班丹嘉措于永乐二年（1404年）到南京朝觐永乐皇帝，在向朝廷举荐班丹扎释的同时，也举荐了沙加。所以，当得银协巴在南京被封为大宝法王之后，明太宗便派他前往服侍左右[1]。永乐六年（1408年），随大宝法王得银协巴返藏之后，遍游西藏，拜访名师学习显密经典，大有证悟。在此期间，曾师从格鲁派鼻祖宗喀巴大师及其大弟子贾曹杰，并"由圣喇嘛（圣·宗喀巴大师的尊称）为亲教师，杜哇增巴为羯磨师，贾曹·达玛仁钦为屏教师"，受了近圆戒。正是由于这一原因，在他返回内地之后，明太宗曾派其数次前往西藏召请宗喀巴大师。"在赤楚丞达尔吉的传中曾提到'大明皇帝先后七次派他敦请圣大师，最后的一次时受了近圆戒"[2]，很有可能就是对此事的一个记录。

　　沙加返回多麦（今安多的别称）时，正值西藏的萨迦和帕木竹巴之间不和，双方剑拔弩张即见诸兵戎，明宣宗欲派兵前往征讨平定，但经过他的斡旋成功地避免了这场战争。后居京城时一直驻锡大隆善寺，并曾给"皇上、皇后、太子等授许多灌顶和诀要，先后敕封为灌顶大国师等，颁赐黄金五佛冠，重二百一十两的金印及金册诰封，珍珠袈裟，千幅金轮等，尊为法王"[3]。《安多政教史》中对沙加活动的确切时间记载有很多模糊之处。《岷州志》中也仅着重于大智法王班丹扎释的生平事迹的描述，对于沙加的记述甚少，从而致使部分研究安多地区宗教史和大智法王班丹扎释及大善法王沙加的文章中对于沙加受封各种名号的时间上有部分不实之处。幸运的是，近年在岷县后氏族人手中发现的清道光年间寺院主持后法王三十六代孙誊写的明代刻印的汉文文本《金刚乘起信庄严宝鬘西天佛子源流录》（以下简称《源流录》）一部（图六二、六三）。据其书名和内容可以断定，此书即《安多政教史》所据《起信庄严宝

[1] 吴均：《论明时河洮岷地位与洮岷三杰》，《藏学研究论丛》第一辑，西藏人民出版社，1989年，第83页。

[2] 智观巴·贡却乎丹巴绕吉著，吴均、毛继祖、马世林译：《安多政教史》，甘肃民族出版社，1989年，第646页。

[3] 智观巴·贡却乎丹巴绕吉著，吴均、毛继祖、马世林译：《安多政教史》，甘肃民族出版社，1989年，第646页。

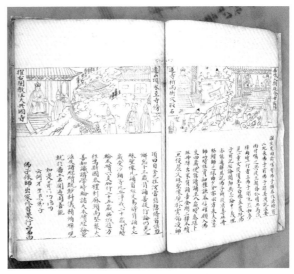

图六二　《西天佛子源流录》后序　　　　　图六三　《西天佛子源流录》内容

鬘》（Dad pa'i rgyan rin po che'i'phreng ba）一书的明代汉文译本，而《岷州志》所载则仅为此书之提要而已。《源流录》与《明实录》《安多政教史》的诸多记载可以互补，可更全面地为我们研究大崇教寺的历史提供有价值的信息。

先来看《源流录》中有关沙加的记录：

1. 及寺将成，太宗文皇帝遣使驰骤，诏至大京，擢僧录司右阐教，及赐国师、冠帽、袈裟、表里、钞贯，仍命随驾京师大兴国寺住坐。尔时佛子发足之时，曾嘱长徒大国师沙迦室哩曰："修造纸事，及僧徒众，汝当总之。"

2. 明年三月，佛子携徒沙迦室哩等二十余人往恭卜国，追访噶哩麻巴上师生处。

3. 佛子亦俾大国师沙迦室哩完卜、大国师绰竺藏卜待中外官，督工修理，总率僧徒之事。

4. 每年一百八僧诵念大藏尊经一藏，凡于正旦为始，灌顶净觉佑善大国师沙迦室哩，率领僧徒完卜班丹领占等二十五众，修建不动密聚坛场。

以上记载中，首先明确了班丹扎释与沙加的师徒关系，且大崇教寺的修建主要是由沙加主持完成的。关于沙加的封号仅见于第4条，在《明实录》中也有关于沙加的记载：

1.《明实录·宣宗实录》六十卷（宣德四年十二月戊寅）："弗提等卫女直指挥佥事佛家奴陕西岷州卫禅师剌麻高僧沙加等来朝贡马。"

2.《明实录·宣宗实录》六十卷（宣德四年十二月甲申）："赐弗提卫女直指挥佥事佛家奴陕西岷州卫禅师沙加等九十一人钞币帛靴袜有差。"

3.《明实录·宣宗实录》一百零八卷（宣德九年正月乙巳）："陕西岷州卫都纲道斌、国师沙加令剌麻辛巴星吉、朵只锁竹、锁南瓦丹……等来朝贡马。"

4.《明实录·英宗实录》九十八卷（正统七年十一月戊午）："陕西岷州大崇教等寺国师沙加等，献镀金佛像古铜塔舍利及马，赐之彩币。"

5.《明实录·英宗实录》一二六卷（正统十年二月乙巳）："加封国师沙加为灌顶净觉佑善大国师……俱赐诰命。"

6.《明实录·英宗实录》二二八卷（景泰四年四月辛亥）："命灌顶大国师沙加为西天佛子大国师……赐之诰命。"

7.《明实录·英宗实录》二六八卷（景泰七年七月辛巳）："命……广通精修妙慧阐教西天佛子大国师沙加为广通精修妙慧阐教弘慈大善法王。"

8.《明实录·英宗实录》二百七十五卷（天顺元年二月癸卯）："命郕王所封弘慈大善法王沙加复为灌顶大国师……"[1]

将《源流录》和《明实录》中关于沙加的记载相对比可以明显发现，《源流录》第4条与《明实录》第5条中关于沙加被封为"灌顶净觉佑善大国师"是相一致的。

根据上述《明实录》中的第1条记载可以看出，沙加于明宣德四年（1429年）十二月已经被封为禅师，具体被封为何种名号的禅师，史籍查无所载，但幸有其被封为禅师时的诏书存世。据熊文彬先生《明封佑善禅师诏书》一文考证，明宣宗曾于宣德二年（1427年）三月对沙加进行了敕封，敕封的等级为"禅师"、名号为"佑善"，诏书的汉文封文内容为：

---

[1] 顾祖成、王观容等编：《明实录藏族史料》，西藏人民出版社，1982年。

奉天承运，皇帝敕曰：佛氏能仁之教，上以佑助国家，下以化导善类。凡其徒功行有可称者，朝廷必有襄扬之典，尔沙加夙严戒律，克勤净修，会宗旨于真乘，演法门之妙用，宜有襄称用昭宠眷，今特封尔为佑善禅师，尔尚益坚愿力，茂禅宗风，广慈化之昭敷，膺光荣于悠久。钦哉[1]！

沙加自宣德二年三月被敕封为禅师后，综合上述第2、3条可知，其禅师名号使用至宣德四年十二月甲申，宣德九年（1434年）正月乙巳已经升职为国师了，其具体受封国师的时间史籍未录也未见有相关文物存世，故只能推测在宣德四年至宣德九年之间。随着沙加宗教地位的提高，其以后的受封记录便非常明确了，从上述第4～8条可以推知：沙加于正统十年（1445年）二月被封为大国师，景泰四年（1453年）四月被封为西天佛子，景泰七年（1456年）七月被封为大善法王，达到了顶峰。事隔半年之后明英宗复辟，"务反景帝之政"，而将明代宗所封法王、西天佛子和灌顶大国师等统统降级，将法王降为大国师，大国师降为国师。在这场政坛变故中，沙加也未能幸免，天顺元年（1457年）二月从大善法王被降成了灌顶大国师。

至此，沙加受封各种名号僧职（受封国师时间除外）的时间表已基本确定。因史籍关于沙加的记载过少，《岷州志》中也着重记载的是对大崇教寺有着重要影响的班丹扎释，而关于的沙加记载却有限。在求证一些历史资料的过程中也对一些问题有了新的看法和理解：

《安多政教史》646页注释③：

按《明实录·宣宗实录》馆本卷六。载"陕西岷州卫禅师喇嘛高僧沙加等来朝贡马"。"赐……陕西岷州卫禅师沙加等九十一人钞……有差"。沙加即释迦之异译，巴藏卜亦译作"跋藏卜"为加于姓名之后修饰语，意为尊荣等。似此则这个"沙加"即释迦班藏卜，据此则此时封号为禅师？大国师系景泰四年所封。

此条注释中对沙加于宣德四年以禅师的身份赴京贡马因其无确定受封禅师的时间记载而存在疑惑。《安多政教史》原为藏文版，于1985年开始翻译为汉

---

[1]　熊文彬：《明封佑善禅师诏书》，《中国藏学》2006年第2期。

文，1987 年完成翻译工作，1989 年正式出版。而明宣宗封沙加为佑善禅师的诏书于 2006 年才经熊文彬先生发现并确定沙加受封禅师的确切时间为宣德二年三月，故注释的存疑是合理的，现在已经可以确定沙加宣德四年赴京贡马时的身份为禅师。而注释最后一句"大国师系景泰四年所封"有误，受封大国师的正确时间应为正统十年二月，景泰四年受封为"西天佛子"。

还有一点需要指出，在前文文书内容辑录中，《清乾隆三十八年执照》文书中就有"岷属各寺院喇嘛历有轮流朝贡纳马招中易茶之任"之语，表明岷州的寺院历来就有轮流朝贡的义务。康熙朝《大清会典》将这些前去朝贡的寺院统称为"西番各寺"，按照地区又划分为"乌斯藏""洮岷番寺""河州番寺""西宁番寺""西纳番寺"和"金川寺"。其中"洮岷番寺"和"河州番寺"是一组寺院，在《大清会典》中，只有这两座藏传佛教寺院涉及僧官制度，其中有相关喇嘛承袭僧官职衔的情况 [1]。

第三节　明代敕封的岷州高僧及其原因

明朝取代元朝之后，基本上继承了元代对西北地区的行政管辖权，虽然蒙古势力北退至蒙古草原，但北元势力仍不容小觑，不断南下威胁明朝的统治。明朝面临的最大政治问题就是防止蒙古人南下，形成"北虏南番" [2] 的形势。自明代太祖以来，一直关注着藏传佛教在稳定边疆方面的政治作用。在西藏、青海、甘肃、四川等地区，针对地方政教融合的现实，他们进行了广泛地多举措互嵌式发展，并兴修了许多公共建筑。为了支持藏传佛教，建立贡业、茶马交流，建立卫所和驿站，建立中央与边地的关系，实现对边地的绝对统治和管理。

岷州因其特殊的地理位置，成为东西交通的要塞，也是连接明廷和卫藏的纽带和主干线之一。《岷州卫志》上说岷州"捍卫中原，据山川之险，当西域之望"，顾祖禹在《读史方舆纪要》中说："（岷州）卫东连秦陇，西达河湟，北阻临巩，南控阶文，虽僻在一隅，而道路四通，一纵一横，未易当也，岂惟形援河洮，为西偏之翼蔽而已哉。"加之明初在河州设置陕西行都指挥使司，明

[1] 杨健：《清王朝佛教事务管理》，社会科学文献出版社，2008年，第439～440页。
[2] 夷汉杂处在昔甘肃素称"北虏南番"。参见《皇明经世文编》卷四百四十，国风出版社，1978年。

朝派人赴乌斯藏进贡时，岷州成为中原与西北地区之间的过渡地带，担负着向西传播政治秩序的责任，直接关系到乌斯藏与明朝之间的政治、经济、军事和文化的交流。一方面，岷州是对卫藏宣传的阵地，另一方面，岷州又是了解明廷民族宗教政策的窗口。

明廷以授官位的方式招抚了许多部落。如岷州十八族、洮州十八族、西宁十三族等。另一方面设立僧纲司、营建寺院，使岷、洮、河等处的藏族僧侣积极向明廷靠拢，"其徒争建寺，帝辄锡以嘉名，且赐敕护持，番僧来者日众"便是对当时这种情况的生动叙述。在这种情况下，寺院和僧人数量都空前膨胀，《安多政教史》有这样的记载："哈立麻得银协巴前来多麦（安多）时，曾有披袈裟的十万人迎接，这个地点似为岷州"，"披袈裟的十万人"虽为夸大之词，但也间接地反映了岷州藏传佛教发展的盛况。在这一时期，以大崇教寺为代表的藏传佛教繁荣之地——岷州被称之为"第二个卫地"。

岷州地区藏传佛教发展迅速的盛况，除表现在寺院和僧人数量快速增长之外，还反映在此时受明廷加封的高僧辈出。

《明实录》与《源流录》中记载最多且最详细的则是被称为"西天佛子"的班丹扎释。"及寺将成，太宗文皇帝遣使驰驿，诏至大京，擢僧录司右阐教，及赐国师、冠帽、袈裟、表里、钞贯，仍命随驾京师大兴国寺住坐"。这是《源流录》中有关明朝给班丹扎释封号最早的记载。对此，《安多政教史》中也有记载："四十三岁时（1419 年），派遣僧录司大僧官右阐教等职务，岷州的地祇二郎神等亲自显现迎接。"时间记载更为具体。

接下来亦有载：宣德元年（1426 年）正月初八日奉为"净觉慈济大国师"、宣德元年八月十七日加封为"弘通妙戒普慧善应辅国阐教灌顶净觉慈济大国师"、宣德乙卯（十年，1435 年）正月二十二日，加封为"弘通妙戒普慧善应慈济辅国阐教灌顶净觉西天佛子大国师"。

另一高僧即是沙加室哩，上文已述，此略。

绰竹藏卜与沙加同为班丹扎释的徒弟，他是长期驻守岷州卫僧纲司的僧官。正统元年（1436 年）三月，被封为"净觉慈济大国师"。

班卓儿藏卜，正统元年（1436 年）二月敕封"清心戒行国师"，景泰四年（1453 年）六月加封为"灌顶清心戒行大国师"，成化十二年（1476 年）十一

月大隆善护国寺灌顶清心戒行国师班卓儿藏卜升"灌顶大国师",成化十五年
(1479年)升为"佛子"。在《源流录·正统加封宠极报恩品第七》中也有记
录:"国师完卜班卓儿藏卜、禅师札失三竹觉义桑儿加领占钻竹旺束,率领僧徒
二百余,于隆善大法堂内修建四曼吒辣,好事至初七日圆满。"班卓儿藏卜卒于
成化十七年(1481年),朝廷命摘官军1500人为其建塔治藏,有如此礼遇,可
见地位之尊贵。

另外被封为国师的主要有端岳藏卜(永乐二十二年代其叔锁竹坚藏为净
觉弘慈国师)、班丹领占(宣德二年前已被封为国师)、锁南藏卜(弘慈广善
国师)、著肖藏卜(袭其叔锁南藏卜国师职,正德四年升为法王)、锁南秋柰
(袭其师沙加国师之职);被封为大国师的有绵竹藏卜(正统元年被封为净觉
慈济大国师)、锁南领占(绰竹藏卜的徒弟,袭封净觉慈济大国师);著肖藏卜
(正德四年被封为法王)[1]。

从《明实录》中可以查阅到的岷州地区或是大崇教寺院中具有国师封号的
不下14人,作为岷州卫的一个地区寺院,出现如此众多的高级封号的僧人,是
其家族性寺院的性质所决定的。而朝廷的袭封也成为家族性寺院发展与传承的
基本制度,更是明政府安抚西北番藏地区的一项基本策略。

现收藏于甘肃省博物馆的明宣德二年(1427年)"妙相庄严"象牙印,在
印背纽两边分别阴刻楷书"宣德二年□月□日"和"赐剌麻班丹领占"背文。
班丹领占为岷州卫僧人时于宣德元年赴京朝贡,明宣宗在宣德二年回赐财物,
以示褒奖,此印应是皇庭所赐。此印大小、形制又与宣德二年赐给青海瞿昙寺
主持修寺喇嘛卓失吉领占的"真修无碍"象牙印相似。这说明在明朝前期曾给
一些有功业和德行高上的藏族僧侣特赐象牙印,以显示对他们的优遇。

藏族地区基本上是全民信仰佛教,各教派的领袖人物往往又是雄踞一方的
实力集团的首领,藏传佛教高僧在其周围的社会环境中所起的作用举足轻重。
明代皇帝深深了解这一点,于是"因其俗尚,用僧徒化导为善,乃遣使广行招
谕"[2],下大力气招抚藏传佛教高僧,给予礼遇,确认他们的地位,给他们以
各种荣宠的封号和丰厚的赏赐,进而通过他们治理地区事务,这也是明代前期

[1]　岷县县委宣传部编:《人文岷州》,甘肃人民出版社,2008年,第127页。
[2]　《明史·西域三》卷三三一,中华书局,1987年,第8572页。

加强与地方关系的重要形式。沙加被封为"大善法王"前即曾被封为"灌顶净觉佑善大国师"和"灌顶净觉佑善国师西天佛子"就是发生于这一历史时期。

第四节　后氏家族性寺院在西北的影响力

如上文所述，我们知道大崇教寺从建立之初就是一座被后氏家族一直掌控的家族性寺院。白文固等著《明清民国时期甘青藏传佛教寺院与地方社会》中对家族性寺院有这样的定义：

> 所谓家族性寺院，是指寺院僧团的领导权掌控在世俗家族手中，寺院领导者的法嗣传承并非按通常意义上的师徒关系传承，而是依某一固定世俗家族的宗法血缘关系进行世袭的。这种藏传佛教寺院僧团的独特组织形式，是 10 世纪至 11 世纪亦即藏传佛教后弘期，在世家大族主导藏区社会的特殊背景下，佛教僧团依附于地方大族势力或者大族势力向佛教僧团渗透的一种结果。在相当长的一个时期内，它曾经是藏传佛教僧团（包括教派和寺院）普遍实行的一种僧团组织形式。典型的如元代显赫一时的萨迦派就是世代由后藏大族昆氏统领；明代长期左右着卫藏政局的帕竹噶举派世代由山南朗氏也即帕竹家族统领。甘青地区作为藏区边缘地带，家族性藏传佛教寺院的大量出现并发展成为一股强大的社会力量，则是在明朝时期，这与明王朝的藏传佛教政策直接有关[1]。

当时岷州卫所辖各地几乎都有大崇教寺属寺，这些寺院也是由其家族成员直接管理，所有僧官封号的申报，均由世袭僧官把持，外族人几乎没有机会进入。所以当时岷州卫得到敕封的僧人，不仅是大崇教寺的僧人，而且都来源于后氏家族血缘一脉。这也是家族性寺院的性质所决定的。明朝的目的是扩大和深化藏传佛教在安多地区的影响，正因如此，岷州后世家族与明朝之间，以及西北边疆的特殊军事、政府、僧人和政府之间，都会产生密切的关系。明代大力支持和给予其高僧非凡的礼遇，这也是明政府治理西部的战略。由于班丹扎释家族的特殊作用，岷州地区已成为整个安多地区藏传佛教最繁荣的地区。

---

[1]　白文固、杜常顺：《明清民国时期甘青藏传佛教寺院与地方社会》，青海人民出版社，2009年，第17页。

在《后世家谱》序言中有言："余后氏先人，自唐以迄於兹，武职数十辈，文职只后公乘龙一员，护印番僧纲司。自明至今，世世相继。"[1]可见后氏族人武职人员辈出，不仅镇守岷州有功，更是多次参与宋元明清政府在全国各地的军事行动。

据《岷州乡土志》记载，明清时期的岷州后氏大致有三支：

朵儿[只]子安，安子能，能子成功，俱袭指挥同知。于正统、宏治间任本卫指挥（安，都指挥；能，指挥同知）。成功子泰，成化时袭职，任岷守备。能季子成，成子章，授世袭土百户，传七世至国朝康熙间，札委任事，居攒都沟，至今袭职，此一支也。

其宗后祥巴古子为后辈头目。洪武二十八年，授世袭土官百户，后间井里，传十余世，至光绪初，土民归流，土司以把总承袭，此一支也。

至番僧纲司，明为大智法王后班丹扎释之后，其世次虽不可考，然亦本州后氏，此一支也[2]。

此三支中有两只是来自于朵儿只班一系。明朝统治安多地区之后，先后设置了岷州千户所和岷州卫，直接管辖岷州地区。后氏十六世祖朵儿只班在洪武二年（1369年）明朝进军甘肃之时，将元朝所授虎符、金牌携众归附，因此而被朱元璋赐予"后"姓，授以金简、诰命，擢为宣武将军。岷州卫设立之后，朵儿只班被任命为"管本卫事"。洪武十三年（1380年）到洪武十五年（1382年）间，朵儿只班又受命"开设洮州衙门"，后又随征云南。但却以疾卒于云南曲靖，被朝廷敕封龙虎将军，葬于南京紫金山。朵儿只班以赫赫战功证明了自己对明朝的忠诚，并以以身殉职的壮勇受到明廷的隆重礼遇，这也为后氏家族与明政府之间建立起了直接的血肉联系。朵儿只班为班丹扎释之祖扎释巴长房哈儿迦之后，其政治地位与父祖权力的继承有着密切的关系。其后的子孙后安、后能等人皆任岷州卫指挥使之职，基本上是承袭而来，维持了家族形态中"长房继位"的传统。

后氏家族十七世祖后安在其父朵儿只班死后"袭锦衣卫佥事"，后于洪武

---

[1] 张润平、苏航、罗炤编著：《西天佛子源流录——文献与初步研究》，中国社会科学出版社，2012年，第201页。

[2] 《陇右稀见方志三种·新增岷州志》，上海书店，1984年。

二十三年（1390年）奉命征讨有功，升任指挥同知。洪武二十六年（1393年），掌本卫事。洪武三十四年（1401年）于"靖难之役"交河阵亡。

后氏十八世祖后能，因父阵亡，而袭职指挥同知升指挥使。宣德三年（1428年），征讨松潘羌夷有功，升任陕西都指挥使。

以上可见，朵儿只班、后安父子皆为明朝的国家大业而捐躯战场，后能又征讨羌夷而立下战功。这祖孙三代的功绩和忠诚，使得明朝朝廷与后世家族之间建立起更为密切的关系。

后世家族与佛教的渊源始于班丹扎释的高祖定而迦，至其孙扎释巴一代，其家族建立寺院约108所。据《源流录》中所记，扎释巴诸子中，有高僧三人，分别为大元国师古伦巴、五台山寺（岷州境内的西山之五台寺——笔者注）住持三葛和临洮吉祥寺住持麻发拉。至班丹扎释一代，地位更加显赫。他从掌管僧录司的右阐教、国师、大国师、西天佛子直至升到大智法王的封号，声望极高。更重要的是，他还先后受明朝皇帝的委派四次出使西藏，出色地为永乐、宣德、正统、景泰四朝皇帝完成了众多政治和宗教上的任务。同时他还积极参与岷州地区的佛教事务，包括修建后世影响极其深远的藏传佛教寺院大崇教寺。在班丹扎释身后，大崇教寺的管理权也逐渐转入到朵儿只班一系的手中。

班丹扎释的后代仍然掌控着岷州地区的藏传佛教寺院系统，保持其在宗教上的主导地位。《岷州志》卷三《舆地下·番属·岷番》中这样记载："国师后丹子达节，其先后绿竹尖挫系大智法王·班丹扎释之后，明成化间用征番有功，封弘济光教大国师。尖挫之后，数传至只即丹子，任本卫僧纲司。本朝康熙十四年，吴逆变乱，丹子纠土兵，恢复洮岷有功，经靖逆候张勇题叙，仍授弘济光教国师。达节系丹子亲侄首徒，三十二年承袭，管招中寺院三十五处，居茶埠峪，距城东北十五里。"[1]后氏家族自宋元之际的先祖定儿迦开始，就在其所辖的地方政教界发挥着重要的作用。

特别是协助朝廷平定洮岷一带兵乱、叛变功不可没。后只即丹子奋力追讨，为此康熙帝敕诰嘉奖："制曰：教宗清净，严法律以持躬，学本浮屠，怀丹诚而报国。惟恭忠之克励，斯宠命之宜新。尔护印僧纲司后只即丹子，夙通释

[1]　甘肃省岷县县志编纂委员会办公室编：《岷州志校注》，1988年，第80页。

典，化衍遐方。当逆贼煽乱之时，矢心守正，纠边徼士兵之众，为国宣劳，克著功勋，洵可嘉尚。兹特封尔为：'宏济光教大国师，赐之诰命。'尔其永怀忠尽，益勉修持，膺兹纶绋之荣，用翊清净之化。钦哉！"[1] 受此殊荣，后氏家族的地位，不言而喻。其家族的影响力自然不同一般。大崇教寺作为整个安多地区藏传佛教的中心，因执掌的后氏家族的崇高地位使得藏传佛教的影响更加深远。仅班丹扎释在北京的 40 年间，兴建的众多寺院，遍及岷州卫所辖的各个地区。

明朝初期，后朵儿只班、后安、后能及班丹扎释等人，使其家族的影响力发挥到了极点。入清之后，后氏家族势力随着藏传佛教的衰落而减弱，但是其政教合一的家族分工形态并未改变，一直遵循着家族中长子继承官职、次子出家为僧的传统，延续直到 1966 年。

---

[1]　甘肃省岷县志编纂委员会办公室编：《岷州志校注》，1988年，第285页。

结语

　　契约文书是进行科学研究特别是文献研究的重要史料之一。在秦、汉、金、隋、唐、五代及明清史等文献研究中得到广泛应用。它们真实地记录了有关田产买卖、抵押、租赁、纠纷和诉讼等社会生活的多个方面，并且记录了签订和执行合同时的习俗和宗族法。这种影响在当时的社会法中有一种凭证的约束作用。大量契约文书的存在反映了从清代到民国时期人们普遍对契约的倚重。契约文书的大量订立本身就说明人们对契约的一种信仰，在这些大量的契约中，蕴含着古人的一种契约精神，这种精神虽然与西方舶来品的契约精神无法精准对应，无法以此来衡量古人的精神世界。但是，这些契约所蕴含着的是中国人传统的自由观、平等观以及对弱者的救济，包含着中国人朴素的道义观。

　　张传玺《中国历代契约汇编考释》中这样定义："中国契约学的任务是要研究契约自身发展的历史及其规律，进而要研究与之直接有关的中国社会史、民法史、商业史、财政赋税史、土地制度史、宗法制度史等等，此外契约在政治史、民族关系史、宗教史、民俗史、文字学史上的史料价值及其反映的重要问题也要研究。可以说，如此门学术发展起来定会成为一门重要学科而跻身于学术之林。"可见契约研究的重要性。在清代与民国时期，一些典契中的典期、田产四至等重要的事项，在今天看来，似乎是典契缺少了些必要的信息条款。但从另一方面也说明一方对另一方履行未来义务的信任，更体现的是一种契约上的"信义"精神。岷县大崇教寺契约文书本身兼有民间性与地方性的特点，反映了岷州地区民众的生活逻辑与生活法则，是适应当时社会发展需要的产物。

一、大崇教寺文书是研究明清、民国时期寺院经济的重要补充资料

　　近年来出版的徽州文书、浙江土地文书、福建、台湾地契等，引起了学术界的广泛关注。然而，与北方相比，这些文书涉及更多的地区，反映的内容也

更为丰富，其中多为农村地区的社会文书和经济契约文书类。作为与地方制度密切相关的民间契约一直以来就是中国法学所关注研究的对象，尤其是作为民间习惯法的契约文书在讨论习惯法与国家法的关系以及在社会发展过程中起到的作用，民间典当田地房产、土地买卖时的中人制度等都是重要的资料。与寺院相关的契约文书普遍存世较少，研究成果也就相对较少。岷县大崇教寺契约文书主要集中于寺院与民众、僧人及其后代之间的经济和社会活动，从多个方面揭示了岷州寺院和岷州区域的历史、政治、经济运行状况。

土地是农业社会中最基本的生产资料，中国古代寺庙经济的主要组成部分也是以占有土地为标志的农业经济。明清时期的土地兼并达到了历史上最严重的阶段，土地日益集中在以王室为首的封建地主阶级手中，其中僧人和道教地主是特权阶级，尤其是得到了封建统治阶级的庇护。在土地兼并方面，他们减让和奴役的特权比普通地主更有优势。同时，土地和土地产权是寺院生存和发展的基础，关系到寺院经济的正常运行乃至寺院的兴衰。每个时期不同寺院拥有土地的数量都是不同的，有超过千顷的，也有不足十亩的。大崇教寺所有土地主要来源于钦赐、信众布施、纳献和其他寺院的赠予，但更多的是寺院出资购买。参与交易者中既有农民，也有僧人，所买入的土地多为家传或自置。总体看来，大崇教寺内土地来源的渠道与中国古代其他寺庙大致相同。

寺院土地又被称为香火地，不可避免地带有一定的宗教色彩，更被赋予了一定的神圣性。可是在土地的经营上，又与世俗的方式并无多大的区别，多数采取的也是典卖租赁的形式。寺田有常住庄与私庄之别，前者是寺院的公产，出租收入主要用于寺院的翻修和僧众的口粮，后者则为僧人个人私产，可以自由转让买卖，不受任何限制。大崇教寺出租和买卖土地时，交易双方也要定立契约，在其中明确交易所涉及土地的位置、名称、四至、亩数、租金等，并附带一定的期限及罚约。在商品经济发展的影响下，交易基本上采用的是货币的形式，也有实物抵扣的。民国时期，实物和货币混合使用的情况，尤为明显。

佛教教义的本质是让人们摆脱一切欲望。佛教戒律明确规定僧尼不得聚积个人财产，但大崇教寺契约文书中所反映的僧侣经济状况却并非如此，僧尼拥有个人私产的例子比比皆是，《清康熙五十一年合同》等就是实例。大崇教寺契约文书中所反映出来的僧人财产的来源也是各不相同。僧人对个人财产有很大的自主权，可以完全不受寺院限制，与世俗的个人财产支配几乎没有什么区别。

寺院在接受信众的布施、赠予与出租、买卖土地的同时，也会从事其他的经济活动。如大崇教寺的僧人们也加入到了民间的借贷活动之中。总体来看，大崇教寺契约文书是在明清、民国时期直到1954年这一段历史时期内，以大崇教寺为中心而进行的各种区域经济活动或是政治往来而签订的各类契约文书。这无论在时间延续上，还是在契约关系上都更加系统。

二、大崇教寺文书是研究明清、民国时期岷县区域社会实态的珍贵资料

大崇教寺契约文书所涉及的有关明清时期，特别是民国时期岷县地区的资料非常丰富。从中我们不仅可以了解到明清至民国这一时期的租佃关系、土地关系、经济政治政策等诸多方面的情况，更为重要的是，契约文书也为我们清晰解析当时的社会实态，提供了非常有价值的信息。

岷州地处甘南高原与陇南山地的过渡地带，传统的农耕与藏族农牧相交错，是中原王朝与西北少数民族交往的中间区域。元明中央政府对西藏及青藏高原统辖之后，岷州才完成了由外部边疆到内部边疆的转变。洪武初年，明朝在整合洮岷番族部落的基础上建立了岷州卫，番汉杂居的态势形成，所谓"洮、岷、阶、文、西固等处俱系番、民杂处"。由明入清，面对岷州地区卫所、州县、土司与"生熟诸番"并存的局面，清朝逐步调整治理策略与管理体制，岷州厅的辖区与职权虽有减弱，但仍兼理卫属屯丁之刑名词讼，而钱粮方面则与卫守备分征民地与屯地，所谓"厅卫钱粮，以民、屯为别"。岷州厅、卫共治体制下的刑名、钱粮等项，仍难以彻底解决当地军民"番汉"混杂、地丁钱粮混乱等积弊沉疴。"旧管各族"为前明"中马番族"，入清归附后演变为"纳粮番族"，纳粮之民产，一部分分予僧人及后人，带入寺内，遂成为香田，寺院则将各族投入之田地以"中马香田"之名占有，免予纳税。由此，边外的"生番"逐渐化生为熟，中央王朝内部的边疆借此得以重构。

至民国时期，岷县仍可称得上是陇右一带政治经济、文化、商贸中心，更是汉、藏、回等多民族互通经商的码头。但兵荒、天灾、人祸交织，因岷县常有军队往来驻扎，摊派不休，支应浩繁，民负日重。因粮款摊派频繁，全县粮

食消耗殆尽，斗价涨至四十串，民不聊生。民国时期大崇教寺文书中所反映出的借粮或借钱等事实的原因，或是青黄不接，或是因无种耕种，总之是缺少种子和口粮，濒于贫困，出于情非得已，才四处举债，以渡难关，这也正是近代中国落后地区贫苦农民凄惶生活的写照。

在古代社会，人们通常会在富足的条件下通过购买土地、修建房舍等来彰显其财力和光宗耀祖，在急需用钱等"使用不便"的情况下，以土地为媒介化解生活困境，变卖土地和祖遗产业。对土地的占有往往代表其经济实力，而变卖祖遗财产在一定程度上多是不得已而为之。

据不完全统计，岷州大崇教寺相关契约文书中，有36件文书中涉及将祖遗的土地或是其他财产进行典卖，更有超过50件文书中提到是"因为使用不便"才将土地进行交易或是借钱借物，占到70%以上。这里的"使用不便"可以有两个理解，一是地理位置上的不便，二是经济上的短缺。从文书的内容上来看，二者兼而有之。所以，在所有土地的典约中基本上采用的是"活典"的方式，即"自典之后，不分年深远近，有钱抽赎，无钱依旧耕种"。这也符合明清以来的律例，即典可赎也，而卖不可赎的规定。

通过契约文书中田亩价格的变化，可以追溯土地交易和社会经济状况。清朝末期，特别是咸丰年间以来所立契约可以明显地看到的变化就是地价的上涨，由之前几百文一跃上涨到了上千文。《清宣统二年卖契》中交易的地价竟高达上万文钱。地价上涨的原因，有交易土地面积增大的可能，但与当时岷州地区社会经济状况、清末的政治形式不无关系。至民国时期，租价或典卖价从开始单纯的货币到麦籽、清禾、清油等实物与货币混合使用。在这其中土地价格在一定程度上又被提高了，特别是民国三十五年竟出现三十万、二十二万这样高价的土地交易。高地价出现的原因是多方面的，主要交易土地的数量、成本的增加、受契人所要承担的附加费用的增加等等。

在研究岷县大崇教寺契约文书的过程中，除了对契约上各种经济关系的梳理之外，岷州地区的藏传佛教发展史亦是研究的一个关注点。研究中发现，岷州藏传佛教最突出的特点便是其家族性的管理方式。据李志明的确切统计，岷州80多座藏传佛教寺院中，目前已经查明的有52座属于家族性寺院，人们往往不称寺院具体名称，代之以"某家寺"，这充分体现了岷州藏传佛寺家族化的特征。在这些家族性寺院中，属于后氏的 8 座、包氏的 4 座、常氏的 5 座、丁氏的 2 座。可见民间所谓的"包常丁后"为岷州佛教"四大家"的说法不无根据。

明清时期的遗产继承方式主要有两种，一种是法定继承，另一种是遗嘱继承。分家文书，在明清时期大崇教寺文书中有两例。其一《清康熙五十一年分归地土文书》属于两大家族之间的分家析产。原属于大崇教寺的拱布寺迟至康熙五十一年（1712 年）尚未修理完毕，只得约定将修寺地土分归给大喇嘛常郎爵巴负责重建寺院，参与朝贡。双方约定，分归之后，由常喇嘛师徒永远修寺主持。也就是说，大崇教寺后氏家族必须放弃对两份土地和新建寺院的权利，寺院财产也就从后氏家族流向了常氏家族。其二《清光绪十八年分单》与之不同，很详细地体现出了均分制在实践中的应用。通过这种方式，张氏二子均分了包括土地、房产、柜缸坛箱等所有生产和生活资料。这就使得原本集中的土地又被分散出去，通过分家析产这种方式，财产实现了纵向流动。

除此之外，大崇教寺等岷州佛寺的兴衰与岷州社会经济的发展关系密切，藏传佛教的发展又与当时社会的政治政策和形势息息相关。易言之，政治时局造就了大崇教寺历史上的辉煌和衰亡。大崇教寺契约文书作为民间收集的第一手原始资料，写实性较强，这为研究岷州社会变迁和社会生活提供了重要参考。

三、大崇教寺文书是研究岷州藏传佛教及大崇教寺历史的宝贵资料

藏传佛教传入岷州的具体时间，汉藏史书记载略有不同，但藏传佛教文化自传入后的数百年间一直在岷州乃至整个河湟洮岷地区处于支配地位，却是不争的事实。大崇教寺是岷州最重要的藏传佛教寺院，关于历史的记载，仅见于《安多政教史》《岷州志》等不多的几部史书中，这些记载既不成系统也不完整，许多只是三言两语、寥寥数笔。显然，大崇教寺契约文书成为研究大崇教寺的历史提供了最为真实的宝贵资料。

大崇教寺曾是藏传佛教在岷州全面发展的一面镜子，明宣德时期的大崇教寺兴盛之极，明宣宗赐名、刻碑。而嘉庆、道光之后由于清王朝的内忧外患致使朝廷无暇顾及这座边城古寺。又由于清政府直接统治疆域的延伸，岷州卫的重要性渐被忽略，也就失去了继续受政府支持的筹码。明代中期，岷州藏传佛

寺正值鼎盛时期，包括大崇教寺在内的寺院大都持有朝廷颁发的诰敕护持，占有大量土地，享有种种特权。随着明朝廷支持力度的减弱，岷州佛寺在地方上也开始面临种种压力。其中最突出的问题，就是"官"与"民"的关系，即寺院与中央朝廷之间、寺院与周边民众之间的纠纷与矛盾。比如《明天启四年执照》（2 件）和《明崇祯五年执照》分别为岷州卫所辖指挥使司、理刑指挥司、抚民厅三个政府部门签发，反映的是原本属于大崇教寺的土地财产受到乡民的侵扰，被私人侵占。试想，明代前中期曾盛极一时的皇家敕建寺院，为何现在沦落到要靠地方政府出面才能夺回被占土地呢？其在地方上的影响力，显然已呈衰落之势。当地民众之所以能够侵占寺院土地，最根本的原因在于寺院在与地方民众的互动中已经丧失了优势地位。

虽然官府最终都做出了有利于大崇教寺的裁决，但在这次纠纷结束后大崇教寺获得的也仅是巩昌府发给的执照，这与明代前中期岷州佛寺动辄获得朝廷敕书相比，早已不可同日而语。执照虽然将被占僧地断归寺院，但是同时还加入了大崇教寺僧人亦不得别生事端的告诫。这样的措辞，从未出现在之前的朝廷颁发的护敕中。由此，在这场"官"与"民"的交锋中，谁胜谁负，值得深思。正如卜正民在论述明代汉传佛教时所说的那样："国家的保护、打压、容忍，都会影响到佛教的社会地位和寺院的经济能力。但是，寺院的命运，最终取决于它在自身所处的社会网络中的地位。"易言之，岷州佛寺在其所处的社会网络中的地位发生了变化，其地位的衰落便成为一种不可逆转的趋势。这种地位下降最突出的表现，便是寺院失去了中央政府的优抚，从而与周边民众频发纠纷与矛盾。政治地位的衰落，经济利益的影响，这便从根本上动摇了岷州藏传佛教的根基。

在大崇教寺之外，在契约文书中我们还可以了解到其他岷州佛寺的发展情况，比如古城寺（拱卜寺）、圆觉寺、法藏寺的朝贡和僧纲司管理运行情况等等。岷州藏传佛教的寺院规模和僧人数量，均在清末降低到了历史最低水平，岷州藏传佛教的辉煌一去不复返。历经数百年的传播之后，藏传佛教在岷州业已实现了本土化，表现出"汉藏交融"的特征。

最为重要的是，通过大崇教寺文书的记载，我们也可从中了解到大崇教寺寺主及其寺僧的传承情况。众所周知，自明代岷州藏传佛教鼎盛时期，朝廷就开始颁赐给岷州僧人的国师、禅师、喇嘛等封号，大都在家族内部叔侄传承。岷州佛寺因此逐渐发展成一座座家族性寺院。之前我们对清代岷州寺主产生方式并不了解，大崇教寺文书中的《清道光十五年帖押》记载表明，清代岷州各寺寺主的任命权，一直掌握在番僧纲司手中。历史上关于岷州藏传佛教僧人的记载一直缺乏可靠资料，大崇教寺契约文书中先后记载有明崇祯五年的僧人旦巴扎石、清康熙年间的住持寺主后录扎达节和后奴卜登住、乾隆年间的寺主后一世松诺、光绪年间的寺主后有禄、民国二十七年的寺主后克正、民国三十年的经理寺僧后维桢以及民国三十七年的寺主后克发等等。特别是《源流录》对班丹扎释的生平和历史活动记载得更为清楚。显然这些发现弥补了大崇教寺寺主和僧人记载的缺失，也使大崇教寺僧人社会历史生活情况呈现得更加生动而具体。

　　在大多数人的心中，寺院是神秘的。但是高大的寺院围墙也未能阻隔它与世俗的联系。寺僧可以不依靠信众的布施和佃农交纳的地租维持生活，而更多地参与到世俗生活中来。民国时期大崇教寺契约文书中所记载的僧人与当地民众进行的土地、房产、水磨的交易活动，寺院、僧人与民众的冲突等等都充分反映了寺院与世俗社会的交流。

　　岷县大崇教寺契约文书的史料价值与研究意义远非上文所述之简略，仅列举诸多研究内容之二三。除此之外，还有寺院规制、司法诉讼、赋税、贸易、基层社会管理等多方面的内容需要探索，由于资料的不完整和个人能力的局限，尚不能做出更为全面的解析，有待于进一步深入研究，挖掘出更新的研究课题。

附录

宣宗修大崇教寺碑文

朕惟如来具大觉性，大慧力，大誓愿，以觉群生，功化之绵永，福利之弘博，一切有情戴之如慈父。而历代有国家天下之任者，皆崇奖其教而隆其祀事，其亦有以助夫清净之化者矣。今自京师及四方郡邑，缁流之众，绀宇之盛，在在而然。况岷州其地距佛之境甚迩，其人习佛之教甚稔，顾寺宇弗称久矣。朕君主天下，一本仁义道德以兴治化。至于内典，亦有契于心，故致礼觉王，未始或怠。命有司于岷州因其故刹，撤而新之，拓而广之，殿堂崇邃，廊庑周回，金相庄严，天龙俨恪，供养有资，苾蒭有处，足以祗奉觉圣，足以导迎景贶，特名之曰："大崇教寺。"盖如来有阴翊皇度之功，普济万民之德，一念之恳，有所祈焉，无远而弗届，无有而不达，寂然不动，感而遂通矣。朕之所祈，上以为宗社，下以为生民，心之所存，坚若金石，如来至仁，明同日月，感应之机，捷于影响，将国家永庆永安于泰山，民物蒙庥常臻于康阜，固如来之助也。寺成爰纪其绩于碑，而系以铭曰："明明世尊大智能，以大法力觉群类。如慧日照、甘雨施，兴于九天洽九地，复载显幽普沾被，自西徂东施逾大，信受归向如川至，健陀俱胝力争致，铟兹支提国西裔，密迩佛域为邻比，宏作雄刹徇民志，巍巍秒相森拥卫，流恩布泽浩无际，华夷八达均益利，皇图巩固万万世。"

新修岷州广仁禅院记

奉议郎权发陕府西路计度转运副使公事兼劝农使轻车都尉供紫王钦臣撰。

奉议郎充都大经制熙河兰会路边防财用司勾当公事赐徘鱼袋周书。

奉议郎权通判岷州军州兼管内劝农事骑都尉借绊王彭年篆。

王师既开南疆，郡县皆复，名山大川，悉在封内。惟是人物之未阜，思所以繁庶之；风俗之未纯，思所以变革之。诗书礼乐之外，盖有佛氏之道大焉，乃敕数州皆建佛寺，岷州之寺曰"广仁禅院"。于是，守臣为之力，哲僧为之干，酋豪为之助，虽经历累岁而数百区之盛若一旦而就。初，前守种侯度爽垲之地，于川之西南，背山面川，规可以容数百区之广，以为不如是之宏大，则不足称佛宇之尊。今守张侯谓经营之既久，而恐勤者有惰，日加戒促，以底厥成功。

初，岷州之复也。诏以秦州长道、大潭二县隶之。长道有僧曰海渊，居汉源之骨谷，清修信于一方，远近归慕者众。州乃迎海渊以主其事，其道勤身以率下，爱人而及物。始至，则程其力之所及，必使力胜其事，事足其食。又有药病咒水之术，老幼争趋，或以车致，或以马驮，健者则扶持而至，人大归信。

郡之酋豪曰赵醇忠、包顺、包诚，皆施财造像。始则荆棒荆而宫殿巍然，门扉辟而金人焕然；次则范录以鼓其时，藏经以尊其道。徒有常居，客有牧舍，储峙有廪，涓洁有庖。计其地凡四百六十区。其众瞻于高山大川，深林巨郭之际，来者趋，过者下，咸曰：壮哉，吾土之未尝有也，吾昔之所谓佛居而持其教知为口矣。

岷州，故和政郡。通吐谷浑青海塞，南直白马氐之地，大山重复以环绕，洮水荡□于其中，山川之胜，可以极天下之雄丽。若夫前日之废垒颓垣，今则雉堞楼橹以卫之；前日之板屋众落，今栋宇衢巷之成列。兹有得此佛宫塔庙以壮其城邑，盛矣！凡言阜人物，变风俗者，信无以过此矣。

盖西羌之俗，自知佛教，每计其部人之多寡，惟择其可奉佛者使为之。其诵贝叶傍行之书，虽侏离□舌之不可辨，然其音琅然，如千丈之水赴壑而不知止。又有秋冬间聚粮不出，安坐于庐室之中，曰"坐禅"。是其心岂无存诚识理者？但世莫知之耳。惟是其人多知佛而不知戒，故妻子具而淫杀不止，口腹纵而荤酗不厌，非中国之教为之提防开示而导其本心，则其精诚直质，不知自有也。

传曰：用夏变夷，信哉其言乎。恭惟圣主之服远也，不以羁縻恍忽之道待其人，必全以中国法教御之。故强之并弱，大之凌小，则有甲兵刑罚以威之；檀山泽，专障管，则或赋或禄又易之，鸟兽惊散，则文告期会以束之；闲田沃壤，则置兵募士以耕之；书劳告勤，则金帛爵命以宠之；争讼不决，则置吏案法以平之；知佛而不知戒，则塔庙尊严以示之。日计之不足，岁计之有余，必世而后仁，不于是始基之哉。

元丰初，予以市国马数至其郡，见海渊首其事，其后继只，则见其功之半；今年遂自来告其功之毕，请予记其终始。予嘉海渊既能与二守三豪成兹伟制，且见阜民成俗之道寓于斯也，乃为书之。

参考文献

1. 顾祖成、王观容等编:《明实录·藏族史料》,西藏人民出版社,1982 年。

2. 顾祖成、王观容等编:《清实录·藏族史料》,西藏人民出版社,1982 年。

3. [清] 张廷玉等:《明史》,中华书局,1974 年。

4. [明] 王世贞撰:《弇州四部稿》卷一百六十四,四库本。

5. 赵尔巽主编:《清史稿》,中华书局,2003 年。

6. [清] 伊桑阿等纂修:(康熙朝)《大清会典·吏部·主客司·朝贡二·西番各寺》卷七十三,载《近代中国史料丛刊》三编,第七十二辑,第 720 册,台湾文海出版社,1992 年。

7. [清] 允禄等监修:(雍正朝)《大清会典·吏部·主客司·朝贡二·西番各寺》卷一百五,载《近代中国史料丛刊》三编,第七十八辑,第 744 册,台湾文海出版社,1994 年。

8. [清]《大清律例》,乾隆六十年刊,卷九。

9. [清] 顾祖禹撰,贺次君、施和金点校:《读史方舆纪要》第六十卷,中华书局,2005 年。

10. 王树民:《陇游日记》,《甘肃文史资料选辑》第 28 辑,甘肃人民出版社,1988 年。

11.《陇右稀见方志三种·新增岷州志》,上海书店,1984 年。

12. 夏明方:《民国时期自然灾害与乡村社会》,中华书局,2000 年。

13. 吕大吉:《宗教学通论》,中国社会科学出版社,1998 年。

14. 智观巴·贡却乎丹巴绕吉着,吴均等译:《安多政教史》(汉文版),甘肃人民出版社,1989 年。

15. 张传玺主编:《中国历代契约文书会编考释》,北京大学出版社,1996 年。

16. 尹伟先：《明代藏族史研究》，民族出版社，2000 年。

17. 张福宏主编：《岷州史话》，甘肃文化出版社，2009 年。

18. 杨国桢：《明清契约文书研究》（修订版），中国人民大学出版社，2009 年。

19. 罗莉：《寺庙经济论》，宗教文书出版社，2004 年。

20.（法）谢和耐著，耿昇译：《中国 5—10 世纪的寺院经济》，世纪出版集团、上海古籍出版社，2004 年。

21. 况浩林：《中国近代少数民族经济史稿》，民族出版社，1992 年。

22. 谷苞、尹伟先主编：《西北通史》（第四卷），兰州大学出版社，2005 年。

23. 田澍、李清凌主编：《西北史研究》（第三辑），天津古籍出版社，2005 年。

24. 岷县县委宣传部编：《人文岷州》，甘肃人民出版社，2008 年。

25. 李安宅著：《藏族宗教史之实地研究》，中国藏学出版社，1989 年。

26. 甘肃省岷县志编纂委员会办公室编：《岷州志校注》，1988 年。

27.《岷县志》编纂委员会编：《岷县志》，甘肃人民出版社，1995 年。

28. 洲塔：《甘肃藏族部落的社会与历史研究》，甘肃人民出版社，1996 年。

29. 沙知、孔祥星编：《敦煌吐蕃文书研究》，甘肃人民出版社，1983 年。

30. 甘肃省图书馆书目参考部编：《西北民族宗教史料》（第一辑），内部资料，1989 年。

31. 王致中：《明清西北社会经济研究》，三秦出版社，1989 年。

32. 范金民：《明清社会经济研究》，福建人民出版社，2008 年。

33. 邓慧君：《甘肃近代社会史》，甘肃人民出版社，2007 年。

34. 方广锠：《敦煌契约文书辑校》，江苏古籍出版社，1998 年。

35.（日）池田温：《中国古代籍の簿の研究——概观·录文》，东大出版会，1979 年。

36.（日）池田温：《中国古代の租佃契（上、中）》，东洋文化研究所纪要第 59 册，1973 年；第 65 册，1975 年。

37.（日）仁井田升：《中国法制史研究（土地法·取引法）》，东京大学出版会，1960 年。

38.（日）天海谦三郎：《中国土地文书の研究》，劲草书房，1966 年。

39.（日）东洋文库明代史研究室编：《中国土地契约文书（金—清）》，东洋文库，1975 年。

40. 张润平、苏航、罗照：《西天佛子源流录：文献与初步研究》，中国社会科学出版社，2012 年。

41. 赵晓耕主编：《身份与契约：中国传统民事法律形态》，中国人民大学出版社，2012 年。

42. Micheal Aris/Aung San Suu Kyi（eds.），Tibetan Studies in Honour of Hugh Richardson. Proceedings of the International Seminar on Tibetan Studies. Oxford, 1979.

43. T. suguhito TAKEUCHI，Old Tibetan Contracts from Central Asia，Daizo Shuppan, Tokyo, 1995.

44. 中国人民政治协商会议甘肃省委员会、文史资料研究委员会编：《甘肃文史资料选辑》，甘肃人民出版社，1988 年。

45. 岷州文化局编印：《岷州文化揽胜》，内部资料，2004 年。

46. 唐海云：《古浪县志》，中国西北文献丛书编辑委员会：《中国西北文献丛书》（影印版），兰州古籍书店，1990 年。

47. 罗竹风编：《人·社会·宗教》，上海社会科学院出版社，1995 年。

48. 米尔恰伊利亚德著，晏可佳、姚蓓琴译：《神圣的存在：比较宗教的范型》，广西师范大学出版社，2008 年。

49. 费孝通：《江村经济》，上海人民出版社，2006 年。

50. 施坚雅主编，叶庭光等译：《中华帝国晚期的城市》，中华书局，2000 年。

51. 中岛乐章著，郭万平、高飞译：《明代乡村纠纷与秩序》，江苏人民出版社，1998 年。

52. 马克斯·韦伯著，冯天富译：《儒教与道教》，江苏人民出版社，2008 年。

53. 丹曲、谢建华：《甘肃藏族史》，民族出版社，2003 年。

54. 杨健：《清王朝佛教事务管理》，社会科学文献出版社，2008 年。

55. 张新羽主编：《中国西藏及甘青川滇藏区方志汇编》第 26 册，学苑出版社，2004 年。

56. 蒲文成：《甘青藏传佛教寺院》，青海人民出版社，1990 年。

57. 贾维维：《大智法王班丹扎释北京活动及相关史事再考——以〈西天佛子源流录〉为据》，沈卫荣主编：《文本中的历史：藏传佛教在西域和中原的传播》，中国藏学出版社，2012 年。

58. 严永孝：《甘南藏区藏传佛教的寺院文化研究》，西北民族大学硕士学位论文，2007 年。

59. 王旭：《契纸千年——中国传统契约的形式与演变》，北京大学出版社，2013 年。

60. 张传玺：《契约史买地券研究》，中华书局，2008 年。

61. 鲁西奇：《中国古代买地券研究》，厦门大学出版社，2014 年。

62. 姬永利、张蕴芬编著：《北京西山大觉寺藏清代契约文书整理与研究》，燕山出版社，2014 年。

彩版一　大崇教寺文物保护碑

彩版二　大崇教寺残存院墙

彩版三　大崇教寺残存大殿主体

彩版四　大崇教寺大殿后部

彩版五　大崇教寺碑

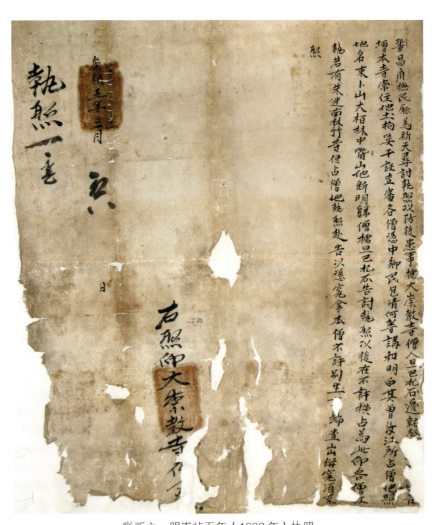

彩版六　明崇祯五年（1632年）执照

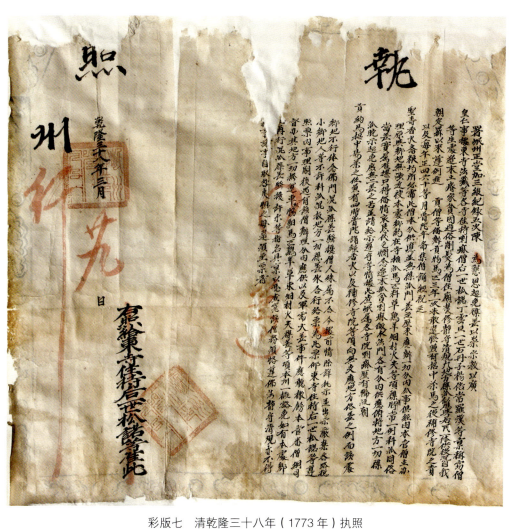

彩版七　清乾隆三十八年（1773年）执照

立字據崇教會會長后鑑堂樊開第壹會賣□陳仲魁眾僧后旦巴色跟
底札什吕羅漢等因為寺中佛項錢粮暨一切補經修□喬各節乏人
經理是以齋近會長與該寺眾僧等公舉寺主后有祿調停料理
嗣次凡寺中錢粮寺項以及佛事禅林任納巴一人經理不許眾僧為拳
陰違此後若有精幹之僧只許納巴公舉□□□□□□□□後無憑立此
合同字據為旺

合同字□□□

大清光緒叁拾叁年全月十七日立字據

書字據人賀炳奎

會長　樊開第
　后鑑堂理
　后魏高賢
　董正官　順賢十
　陳仲魁十　呂尊珪十
　　　　　李殿美十
僧眾
　后旦巴色跟底札什
　呂眾底札什品十
　丁际和尚十
　后札什速祿十
　　　　　僧就甲十

彩版八　清光绪三十三年（1907 年）字据

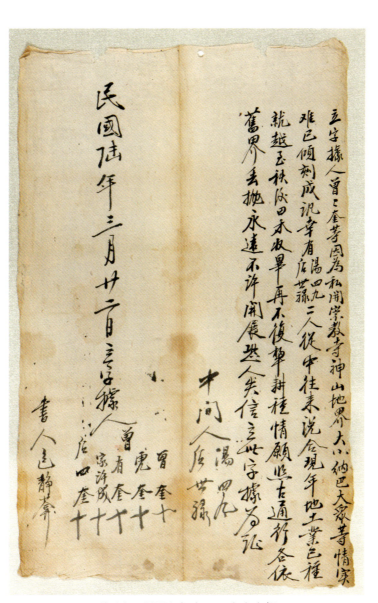

彩版九　民国六年（1917年）字据

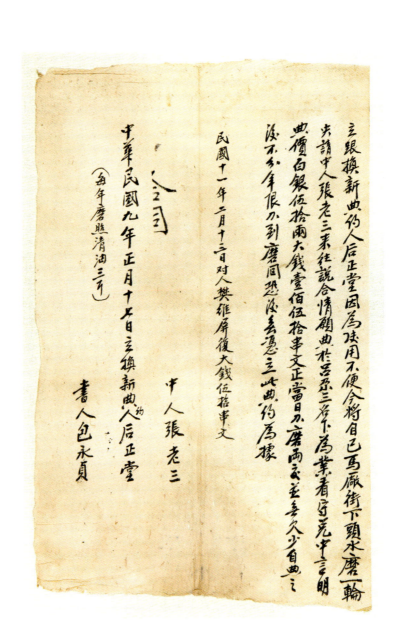

彩版一〇　民国九年（1920年）典约

立字據人信老牛年成三因為新開崇教寺神山地界累遭不祥
納巴大衆合四鄉會首於本年十月初八日議議已定即有
新開地方一應棄拋不准復犂耕種信老牛年成三人謹遵舊制
而開世界哈大城河包山菊寺窯寵此處地界對同鄉約宗永福
等拋已來日後永不後犂若有違悔於崇教寺自認罰布
施良米拾月燈油另遠立此字標有証

民國九年十二月初二日立字標人信老三十

中見人鄉約宗永福
中見人后世禄
信老牛年成十

書人定靜庵

彩版一一　民国九年（1920年）字据

立字摅人后四奎因为开辟掌教寺茂山地界纳巴大象诅擋

后四奎谨遵众命自已央请脆兄后世孫从中说合情願

於掌教寺永远照旧界之拖永不復開目後若再復開

对中当面言明罰白銀弐拾勾以為供佛三寶费及差

憑立此字摅为証

中间说合人后世孫十

言字摅人后四奎十

民国十年二月十五日

書人邑静庵

彩版一二　民国十年（1921年）字据

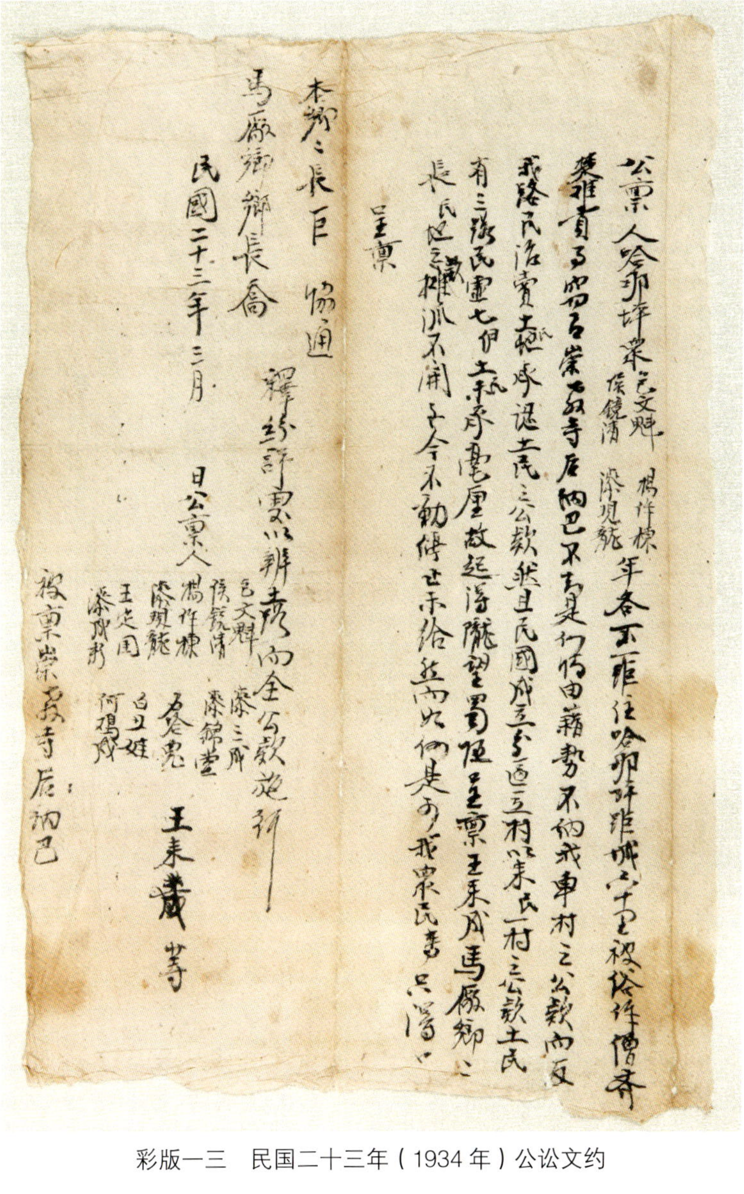

彩版一三　民国二十三年（1934 年）公讼文约

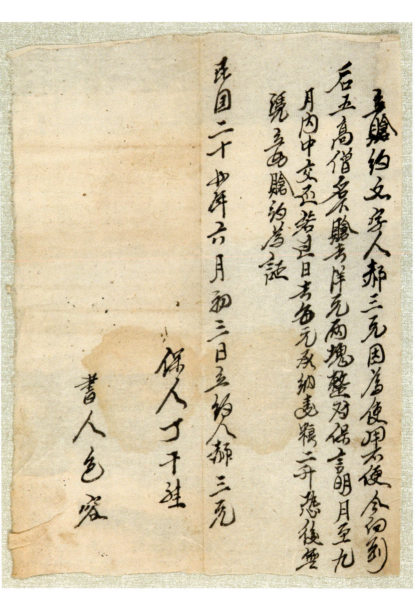

立赊约文字孕人郝三元因居使用六便今向到

右五高僧名景赊去伴元两块整为保言明月至九

月肉中交正若立日吉每元承纳速糧二开愿後無

憑立赊赊约为証

民国二十中年六月初三日立约人郝三元

保人丁千娃

書人色容

彩版一四　民国二十四年（1935 年）赊约

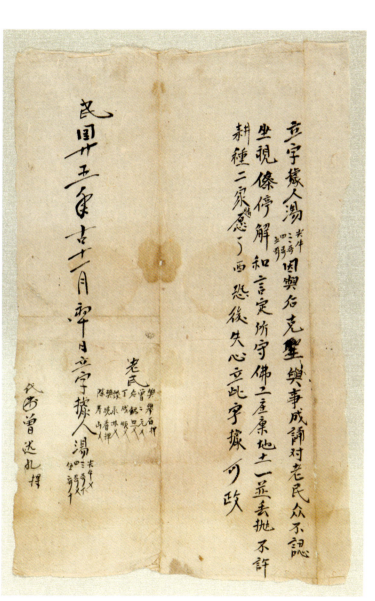

立字據人湯□□因與名克□與事成諭對老民眾不認坐視像停解和言定所守佛二產康地士一荒丟抛不許耕種二家應了西恐後失心立此字據可政

民國廿五年古十一月 □日立字據人湯□

老民

民西曾□□撰

彩版一五　民国二十五年（1936年）字据

立寫字據人馮□重家種佛地三間為粮給不到今在常誠寺
寺主居克正各地租失色八月新收以並生今差人清料搬
地需見寺主三云等人差有別償料搬地眾佛地自同□□
與寺主會令再少眾地子同二出粮于等木用抽等若另退後三人清
料持也再有硬行不救眾地子罰大洋壹百式拾于詞在龍王三廟所
用恐人失信立此字據為正

民國式拾柒年吉正月廿一日

立字據人前名佛□
　舒傅雲
　種宗免有馮允中
　作矢元湯萬榮
　賀海生賀福張法
　張彩形廷巴什
　王來店地承生元宗海壽
　王玫海法地注沐袁天賜謀
　石三淮后注沐成
　呂免雲
　呂于評户色元壽王而柱
　右老三

彩版一六　民国二十七年（1938年）字据

承遠大吉

立賣承遠庄基文字人舒二爭因為便用不便今將自己祖遺房庄基坐東徊西
房子三欄大門一並在內自己俵請中人樊桃成末往說合問到情愿賣于
慶永昌名佳坐得授賣價洋元也拾式塊整對中言明當日元房兩交並無欠少若
有房親內戶爭言者不于元主之事只有房主一面承攬酒食画字一並再內愁
後娌凴立此賣約為據　杏樹一棵一並在內

中人樊桃成画字洋元式角十

民國二十七年五月初十　日立賣約人舒二爭画字洋元式角十

書約人画字洋元式角捺

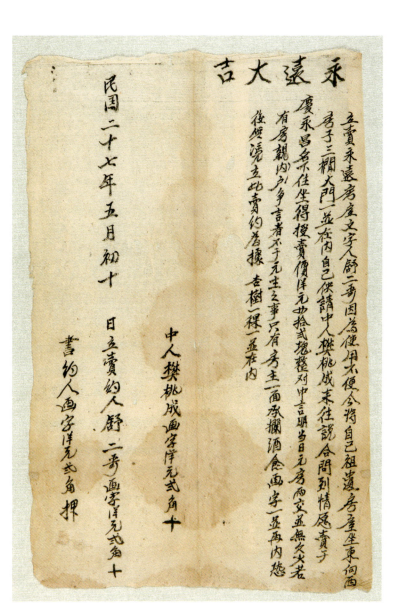

彩版一七　民国二十七年（1938年）卖约

永遠大吉

立永遠吉賣屋案塲落文字人后克聖因為使用不便今將自已祖業屋案
園落一所塲半所出入道路一並在內自已米中人張老三說合問到情愿賣
於脆兄后克發為業得受兄中言明作賣價大洋陸拾伍元藝元業兩交
並無欠少酒食在內畫字在外自賣之後若有人等爭嘗言不干錢主之
事具有業永担班保無滄立此永遠賣約為據

中人張老三畫字□□伍角
后克賢十□□伍角

民國二十八年古正月廿日 立賣約人后克聖親筆捺
（每年𠆤料八合）

彩版一八　民国二十八年（1939年）卖约

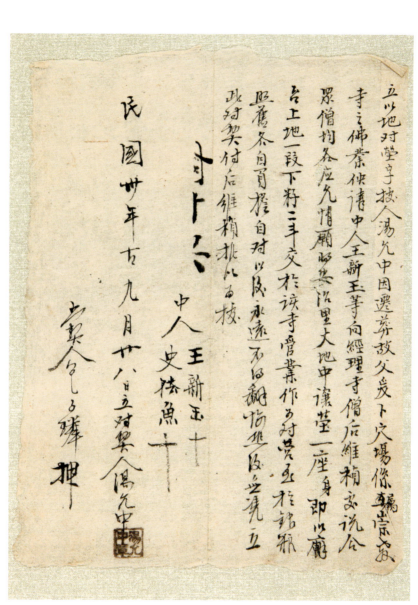

立以地对莹字据仝汤允中因遇荒故父炎卜穴埸保鞴崇家
李三佛業俠请中人王新玉茅向經理寺僧后維頼安说仝
眾僧均咨应允惰愿以梨沿里大地中讓莹一座身即以廢
台上地一段下将三手文於诶寺曾業作为对莹丞於銘報
照舊茶自買揉自对以及永遠不旦頼排及並先立
此对契付后維頼排以西梭

民國卅年古九月廿八日立对契仝汤允中

寺卜六
中人史禄魚十
王新玉十

立荒契人后尧明因为住居不便今将自己西面苫房
三间阎房一间央请中人常贵荣耑来往说合情愿
荒於脆尧后尧废名下永远为业住坐将後院楼
房两间荒於后尧明名下为业住坐两家情通意
意顺永无反悔恐後无凭立此荒契人后为据

中人　常贵荣十
　　　后维平十

民国三十一年九月十三日荒契人后尧明

書人邑永贞

彩版二〇　民国三十一年（1942年）合同

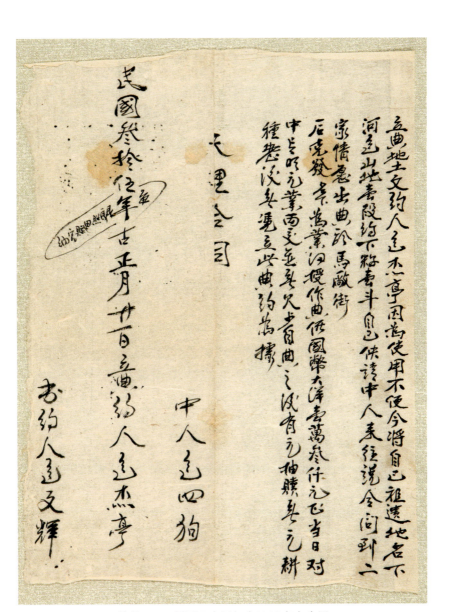

彩版二一　民国三十五年（1946年）合同

立典地土約人曾効藩因為使用不便令將自己祖遺地名大白楊溝

口上坟地一段下籽貳斗自己侭中人樊義忠來往說合情願典於

右岩發名下為典、得受對中言明作典價國幣中壹拾叄萬元整正當

日元地兩交並無欠少自典三年之外有元抽贖無元常年耕種恐

後穠憑立此典約存用

天地
非立人
奧約

中人 樊義忠

民國三十六年二月初八日立典約人曾効藩

書人雷襄山

每年民糧照章完納

彩版二二　民国三十六年（1947 年）合同

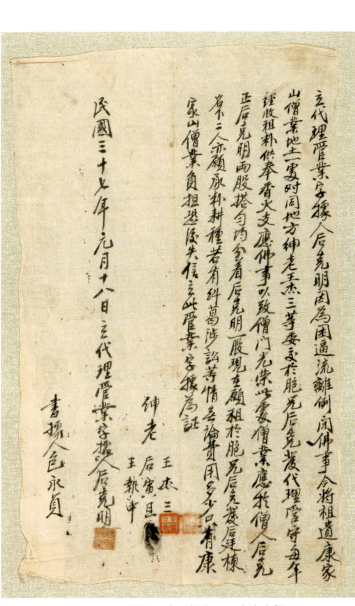

立代理管業字據人后克明因為困迫流離倒閉佛事今將祖遺康家

山僧業地土一實对同地方紳老王杰三等委交於脆克后克發代理管守每年

經敗祖粑供奉香火支應佛事以致僧門光栄此處僧業應於僧人后克

正后克明兩股搭勻為今着后克明一股現至願祖於脆克后克發后建棟

者不二人亦顧承料耕種若有糾葛涉訟等情各論費用多少口肯康

家山僧業負担恐後失信立此管業字據為証

紳老 后寅旦

主報準

王杰三

書據人色永貞

民國三十七年元月十八日立代理管業字據人后克明

彩版二三　民国三十七年（1948 年）字据

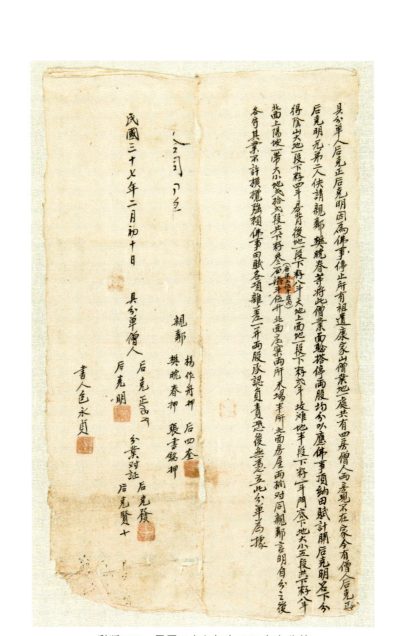

彩版二四　民国三十七年（1948 年）分单

立奉送地土約據人后克賢因為先年開家之時分得扎洒呢路上祖業地土大小六段

共下籽陸斗理應后克賢永遠看守耕種不意有二房后廷棟將此地土

共路下二老養口地一段下籽四斗至偷賣於曾姓為業此時后克賢與脆兄

后克發商議巳定情願淘神救業由地方法院成訟以及三審染訟三年有餘蒙

三審法院將業判同兄弟二人得養口地四斗每人二斗均分因兄后克發涉訟日

久失散家務又出錢出力勞心太很願將祖業陸斗奉送於脆兄后克發名下

為業看守以補苦情對同親友后四奎荨言明日後永無反悔恐後無憑立此

奉送約據為証

（每年田賦跟地完納）

民國三十七年二月初十日立奉送約據人后克賢

親友 樊晥春 十
后四奎 十
張書明 押

書人色永貞 押

彩版二五　民国三十七年（1948 年）赠予契

立書合同字據人后克發等因為馬歐里色元壽所領棠教寺園子人所下籽貳升東南依巷
頭為界西至馬姓居住庄牆為界北至場為界近閒色元壽有偷賣等情有東寺寺
主后克發等依理賠問燰向色元壽名下將園子奪回適有宋壽喜原無住址即俠請
中人雷雖代父來往說合情願領於宋壽喜名下建屋居住對中言明宋壽喜念色領
園住址自願於佛家承勳香錢硬幣捌元其洋當日交清並無欠少自立字據之後只准看守
二家不許典賣若有興賣者罰硬幣叁拾塊作為建築佛寺之費恐後無凭立此合同字據可証

中人　雷雖代父

后克發
宋壽喜

后寅旦
后喜剛

今司民　見

中華民國三十七年五月二十三日立字據人后克發

書字據人雷殿南

（每年田賦香根照章完納）

彩版二六　民國三十七年（1948年）合同

立典地土約人石克明因為使用不便令將自置地名石那

崗里地上下兩段下籽叄斗自己俠令中人來往說合情愿典於

湯欠中名下為典耕種對中言明典價硬幣貳拾塊又三色

粮岷斗壹斗捌升其洋粮當日交清並無欠少自典之後

粮交到將地贖回恐後無憑立此典約存用

天理合同

中人白生雲

民國三十八年二月初十日立典約人石克明

（每筐民粮照公完納）

遏書雷襄山

彩版二七　民国三十八年（1949 年）合同

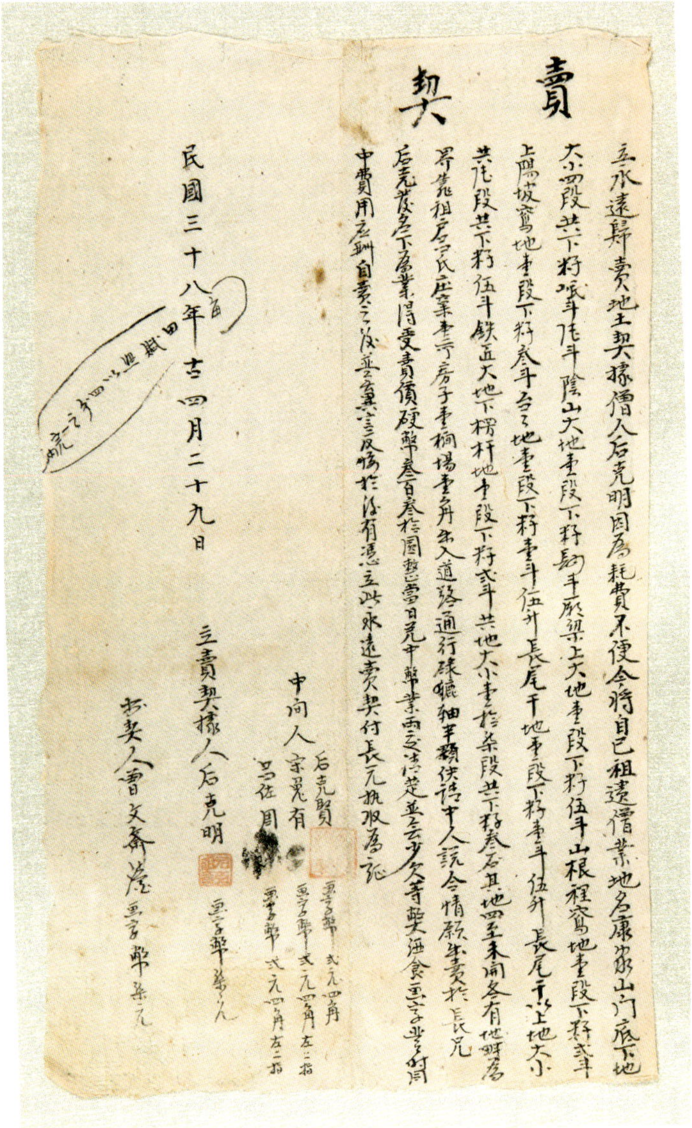

彩版二八　民国三十八年（1949 年）卖契

立息事字據人后克賢二人因與□兄弟克□一行□□就康□

山祖遺層業一行段数籽語為新賣契□□憑此業兩相

持據成訟案房訊未解□親友吕佐周等從中調解將此

業兄弟均勻置入新立賣契賣業將□立賣契作為

費紙筆用自此以後不惟此業□□□□□兄弟二

人手績兩□清楚再□此□後□人心不古立此息□字據各

執為憑

中間友人　吕佐周

出據人　曾文齋

民國三十八年四月二十九日立據人后克賢

彩版二九　民国三十八年（1949年）字据

立寫字據人侶亮發之銀喜因為祖遺康家慶水唐妻盤

原係五六七八房僧人之水唐以為養老供佛之需用並未有

許人之事耑大房二房三房四房之後裔僧人各頂壹房營

熙為業立門頂烟養老供佛祖輩傳輩不准許人侶霸口許

祖營看守慝波五六七八房之僧人並有四房頭之許人信

口糊言侶霸者空口些憑立此字據為記

押　今蝶

范中人王亮勤之
之侶怀仁×

之銀喜

一九五零年古三月十八日立字據人侶亮發之銀喜

老字據人之文輝

彩版三〇　1950年字据

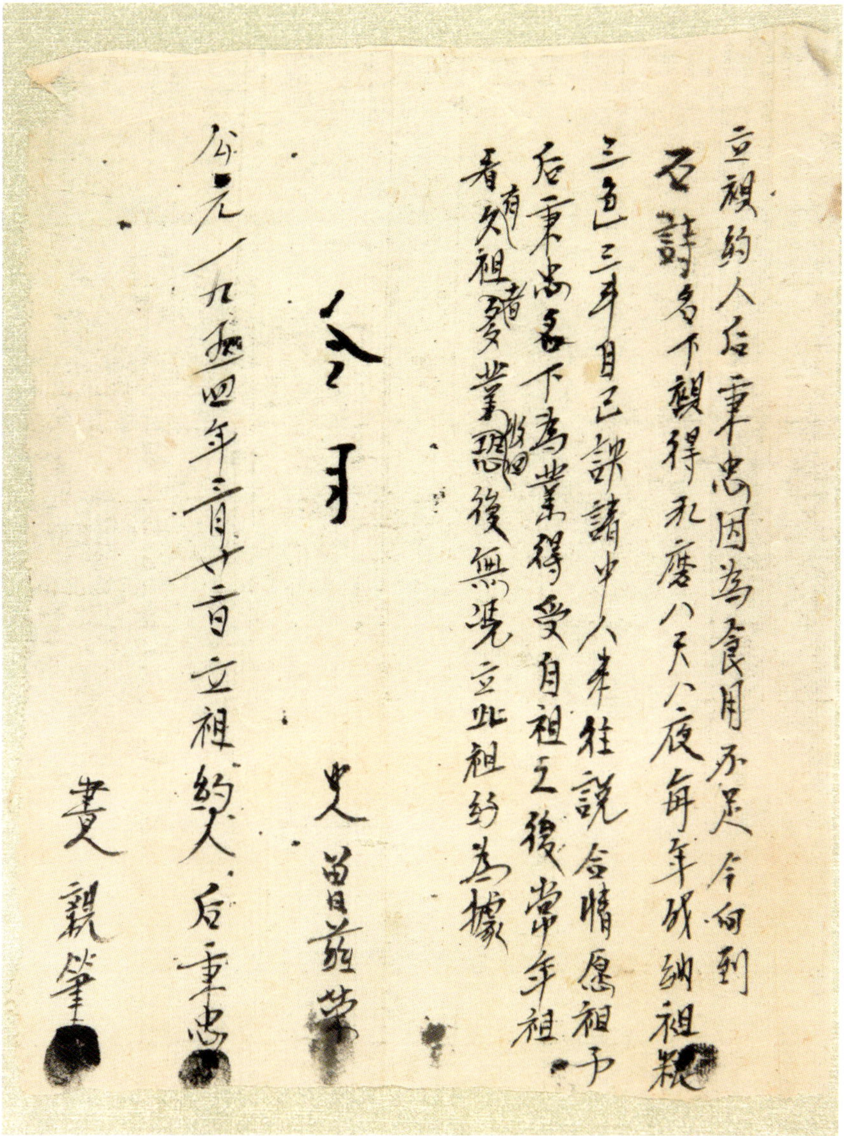
立租约人后重忠因为食用不足今向到
石请名下租得水磨八天八夜每年代纳租粮
三角正三斗目已请诸中人来往说合情愿租予
后重忠名下为业得受自租之后常年租
若有欠租谷多寡业主收回恐后无凭立此租约为据
[illegible]
中人 曾益荣
公元一九五四年三月廿三日 立租约人 后重忠
书人 亲笔

彩版三一　1954 年租契